## POVR Maistre Claude Soefve, &c.

## *Contre Monsieur de Thou, &c.*

# MEMOIRES,

## *Servants de réponce à l'accusation fausse & calomnieuse dudit sieur de Thou contre ledit Soefve.*

SI Monsieur de Thou se fust arresté aux Coppies de l'Arrest du Conseil par luy obtenu, qu'il a fait imprimer & distribuër par tout, & jusques dans les Provinces où il sçait que Soefve a des correspondances, pour le diffamer & imputer à vne mauvaise conduite, celle qu'il a tenuë dans l'administration des affaires de sa maison, pretendant par là justifier la sienne à l'égard de ses creantiers, & leur faire plus agreablement gouster la surseance qui luy a esté accordée contr'eux par le mesme Arrest, ledit Soefve seroit demeuré dans le silence quelque douleur qu'il eust de se voir dire les dernieres injures, & faire les derniers outrages par la personne du monde de qui il devoit esperer plus de gratitude & de reconnoissance, & auroit attendu l'évenement du compte qu'il luy a presenté pour le convaincre de la plus haute calomnie qui se puisse imaginer. Mais puisque Monsieur de Thou ne s'est pas contenté de vouloir déchirer sa reputation, & par l'exposé de la Requeste sur laquelle il a obtenu ledit Arrest, & par les réponces qu'il pretend avoir données à des faits & articles sur lesquels ledit Soefve à voulu le faire interroger pour sa justification dans la pensée qu'il diroit la verité, & encores par vn grand Acte qu'il luy a fait signifier depuis, qui sont tout remplis d'injures & de calomnies, & qu'il a passé jusques à ce point d'animosité contre ledit Soefve que de faire imprimer non seulement l'interrogatoire qu'il pretend avoir presté sur lesdits faits & articles, & cét Acte injurieux, mais encore toute la procedure qu'il a faitte contre luy pour l'obliger (porte le Tiltre de l'imprimé) à luy rendre compte du maniement qu'il a eu de tout son bien, & pour comble d'ingratitude de le vouloir faire passer pour vn faussaire, ledit Soefve n'estime pas qu'on luy puisse reprocher avec justice d'avoir peché contre la bien sceance de s'estre defendu & justifié par la mesme voye contre tant d'injures, & de faits calomnieux sous pretexte qu'il a esté à Monsieur de Thou; l'interest qu'il a de dire la verité & qu'on la sçache luy inspirant d'adjouster aux cahiers que ledit sieur de Thou a fait Imprimer pour le diffamer dans le monde, quelques circonstances & quelques procedures qui ont esté par luy obmises, & qui sont pourtant de l'essence du fait, afin de lever toutes les mauvaises impressions qu'il a pretendu donner du procedé dudit Soefve pour le rendre odieux à toute la Terre, qui est son principal but, s'imaginant peut-estre que sa naissance qui est le seul advantage qui luy reste aujourd'huy luy doit donner la liberté de tout dire, & qu'vne accusation de sa part doit passer pour vne conviction.

Il est constant au fait qu'en 1647. Soefve entra dans la maison de Monsieur de Thou pour la conduite de ses affaires, & qu'il ne songeoit à rien moins que de s'engager avec qui que ce fust, son pere estant sur le point de luy donner vne charge: *Monsieur de Thou a denié dans son pretendu interrogatoire que ce fust luy qui l'eust fait rechercher, s'il s'agissoit de la justification de ce fait on en auroit aisément la preuve*, mais il n'est pas decisif; & si Soefve a receu de l'honneur par celuy que Monsieur de Thou luy faisoit, il peut dire qu'il ne faisoit pas aussi de deshonneur à Monsieur de Thou de se donner ainsi qu'il fit à luy, puisque le temps a fait connoistre les avantages qu'il en a receus dans des temps ausquels il auroit esté assez empesché de sa personne, si Soefve par vn excez d'affection dont il n'y a que luy qui soit capable, ne se fust obligé pour luy comme il a fait en tant d'occasions pour le faire subsister.

Depuis ladite année mil six cens quarante-sept, jusques au depart de Monsieur de Thou pour la Hollande, où il pleust au Roy de le nommer pour son Ambassadeur qui fust en 1657. Soefve luy donna toutes les années quelques comptereaux de la recepte & dépence qu'il avoit faitte, mais soit qu'il en fust satisfait comme il devoit l'estre, soit qu'il ne les voulust pas arrester, parce que cela luy est assez ordinaire de ne finir jamais vne affaire, il ne fût pas possible audit Soefve de les retirer de luy, *Monsieur de Thou interrogé en deux endroits sur ce fait, dit qu'il ne s'en souvient pas*, & peut-estre que quelque jour on découvrira le secret pour lesquels il en fait vn de cette verité.

Sur la fin de 1656, Soefve voyant que c'estoit tout de bon que Monsieur de Thou alloit en Hollande, il luy en donna vn general de dix années qu'il garda encore avec les pieces justificatives jusques à la veille de son depart sans le vouloir arrester, dont Soefve luy ayant témoigné quelque déplaisir : Monsieur de Thou qui jugeoit bien que c'en estoit vn grand, luy fit l'honneur de luy dire pour l'en consoler qu'il avoit vne telle confiance en luy, qu'il ne vouloit point d'autre compte que sa bonne foy, *voulant* (disoit-il lors) *le traitter de mesme que Monsieur le Garde des Sceaux de Chasteau-neuf avoit fait le sieur Mignon son Secretaire*, dont il s'expliqua audit Soefve lequel apres l'avoir remercié de la confiance & de la bonté qu'il luy témoignoit, luy auroit dit que toutes ces marques de bonté estoient bonnes pour le present & non pas pour l'avenir, & qu'ayant interest d'avoir vne décharge du passé, il le supplioit de la luy donner avant son depart: (*Les réponses ambiguës que Monsieur de Thou à faites dans son pretendu interrogatoire sur ce fait, en font assez connoistre la verité,*) de sorte que tout ce que Soefve en pût tirer, fût qu'il laissoit vne procuration generalle à feu Madame de Thou, & qu'il la chargeoit d'arrester ledit compte, qui estoit à proprement parler vne defaite, parce que non seulement il n'en dit rien à Madame sa femme, mais que ledit Soefve l'en ayant supplié, elle luy dit que y ayant dans ledit compte des choses qui n'estoient ny de sa connoissance ny de son fait, elle ne pouvoit pas y mettre la main. Ainsi pour ces dix premieres années il n'a tenu qu'à Monsieur de Thou que le compte dudit Soefve n'aye esté arresté, il a fait de son costé tout ce qui estoit de son devoir pour cela, il n'y avoit personne qui y fut plus interessé que luy, puis qu'il y alloit de son repos & de celuy de sa famille, il ne pouvoit pas faire violence à Monsieur de Thou pour l'obliger de faire ce qu'il n'avoit pas dans la teste, & moins encore luy faire des sommations par écrit estant ce qu'il luy estoit, & partant à cét égard la demeure ne doit point estre imputée audit Soefve, mais à Monsieur de Thou seul qui estoit le Maistre, & lequel comme a desia esté dit a tousjours esté ennemy de la conclusion dans ses affaires Domestiques, & particulierement en celle cy en laquelle il estoit non seulement persuadé que Soefve ne luy devoit rien, mais encores de sa fidelité & de son zéle pour les interests de sa maison, éprouvée en dix années d'vn service assidu qui luy avoit rendu & dont il luy donnoit en toutes sortes d'occasions des témoignages de gratitude, autant toutesfois que son inclination & son naturel le pouvoient permettre, & par ses Lettres mesme entre lesquelles en voicy l'extrait de deux assez pressantes, qui marquent sans contredit l'approbation de tous ces Services & la satisfaction qu'il en avoit, confirmée par les Procurations qu'il luy laissa en partant pour son Ambassade, qui en sont des preuves essentielles.

## *De la Haye, ce 7. Novembre 1657.*

„ IE ne pûs répondre à vostre Lettre du 12. les ordinaires precedens, à cause des affaires qui „ me survinrent, & ce ne fut pas sans regret & principalement pour vous témoigner celuy que j'ay que vostre Frere ne se soit plus trouvé en estat de me venir trouver pour „ me servir en la place que ie luy avois destinée : (*C'est que Monsieur de Thou avoit demandé le Frere Aisné de Soefve pour le servir de premier Secretaire de l'Ambassadeur, au lieu de Monsieur Boulliau qu'il avoit disgracié*) & ie ne sçay pas à qui il a tenu que vous n'ayez plustost esté adverty „ de mes intentions, puis qu'il me semble que j'en avois écrit il y a long-temps à Madame de „ Thou qui ne manque pas d'affection pour vous tous, puis qu'elle me mande par tous les ordinaires qu'il ne se peut rien adjouster à la peine & au soin que vous prenez dans toutes mes „ affaires, dont ie n'ay pas beaucoup de peine à estre persuadé & par vostre conduitte du passé. „ (*Qu'est-ce que cela veut dire si ce n'est des dix années de services ?*) & par l'exactitude de vos „ Lettres dont j'ay la derniere satisfaction, & vous recommande de ne manquer de m'écrire & „ de croire que si ie ny réponds pas comme ie voudrois quelles ne me sont pas moins agreables.

## *De la Haye, ce 15. Novembre 1657.*

„ IAy reçeu vostre Lettre du 9. avec celle de vostre Frere que j'ay esté bien aise de voir, quoy „ qu'elle me fasse d'autant plus regretter qu'il se soit trouvé en estat de ne me point venir „ trouver : (*C'est que le Frere de Soefve s'estoit excusé envers M. de Thou de ce qu'il ne pouvoit pas „ l'aller trouver, & l'avoit remercié de l'honneur qu'il luy faisoit*) il n'est pas besoin de me faire des „ excuses là dessus, & vous pouvez vous asseurer l'vn & l'autre que j'ay vne veritable estime & „ affection pour vos personnes, & que si j'estois en fortune assez relevée pour vous en donner „ des témoignages que ie le ferois de bon cœur.

Mais quoy que des asseurances si precises de l'affection & de la confiance de Monsieur de Thou, fussent de puissantes consolations contre le chagrin que Soefve avoit de ce qu'il estoit party sans avoir arresté son compte, neantmoins n'en estant point satisfait & ayant fait vn voyage en Hollande en 1659. par ses ordres, pour examiner & regler ceux de ses Intendant, Secretaire & Maistre d'Hostel, il y porta le sien, le supplia encore de l'arrester, mais comme ce n'étoit point son intention parce qu'il sçavoit bien qu'il devoit à Soefve, il luy dit pour toute consolation qu'il ne l'avoit pas fait venir pour cela & que les affaires du Roy l'appliquoient à d'autres soins; de sorte que pour tout fruit de son voyage n'ayant emporté que des preuves de la continuation de l'estime & de la bien-veillance de Monsieur de Thou, ledit Soefve continüa de le servir à son ordinaire, mais avec bien d'autres soins qu'auparavant, tant parce que Madame de Thou qui l'alla trouver en 1660. luy laissa toute l'administration de sa maison (qui n'a effectivement commencé qu'en ce temps là) qu'à cause de la mort de Monsieur le Prévost son Oncle arrivé en 1661. la succession duquel se trouvant chargée de toutes sortes d'affaires l'obligea par consequent à de nouveaux soins dont il rendoit compte si exactement à Monsieur de Thou, tous les ordinaires que toutes les réponces qu'il faisoit audit Soefve, & qui paroistront quand il en sera temps, marquent assez la satisfaction qu'il en recevoit.

Ce service continuë pendant l'absence de Monsieur & de Madame de Thou, jusques en l'année 1662. qu'ils retournerent de Hollande, tant s'en faut qu'il fust desaprouvé, qu'au contraire ils firent l'honneur audit Soefve de luy en témoigner toute sorte de gratitude, & en ce lieu il ne peut pas dissimuler que dans le mois de Novembre de ladite année, s'estant plaint à Madame de Thou qui estoit lors à Vanves de quelque precaution qu'on avoit prise dans le Domestique touchant le ménage qui n'estoit pourtant qu'vne bagatelle, mais qui ne laissoit pas de toucher ledit Soefve qui a tousjours esté sensible sur le point d'honneur & sur la méfiance, ce qui l'avoit mesme porté à luy demander la permission de se retirer & rendre ses comptes, voicy la réponce fidelle que Monsieur de Thou luy fit.

*De Vanves ce Mardy aprés Midy 7. Novembre 1662.*

» Madame de Thou m'a fait voir ce matin la Lettre que vous luy avez écritte, en conse-
» quence de laquelle on envoye Claire à Paris, qui a les Clefs du Cabinet pour vous re-
» mettre la Chaisne d'Or en question que vous ferez peser exactement, & changerez en mon-
» noye, à la reserve de la medaille pour ayder à payer les Lettres de change en question.
» Pour le surplus de vostre Lettre, Madame de Thou se trouve aussi surprise que moy, que vous
» vous mettiés des fantaisies dans l'esprit, comme si l'on n'avoit plus la mesme confiance en vous
» pour nos affaires que l'on a euës iusques icy. Vous seriez bien abusé si vous vous persuadiés cela,
» puis que non seulement la confiance que nous avons en vous ne se diminuë pas, mais qu'elle
» s'augmente tous les jours, par la connoissance que nous avons de vostre fidelité, & de vostre zéle
» affection. C'est pourquoy mettez vous l'esprit en repos sur ce sujet, & croyez que l'on vous fera
» connoistre cette verité plus par des effets que par des parolles. *Pour vos comptes ce sera l'ouvrage de*
» *cet Hiver, & comme ie suis persuadé que l'ordre que vous y tenés est tres bon & tres exact, s'il s'y peut encore*
» *adjouster quelque chose, ie vous le recommande & de croire que ie suis bien veritablement*, Vostre tres-af-
» fectionné à vous servir, de THOV. Paraphé, *ne varietur*, suivant nostre Procez verbal, de
» ce jourd'huy 25. Iuin 1670. ainsi signé, Charpentier.

Il ne falloit point d'autre preuve que cette Lettre pleine de satisfaction, de gratitude & de reconnoissance de la part de Monsieur de Thou & de Madame sa premiere Femme, pour faire connoistre à Soefve qu'ils estoient entierement satisfaits de ses services. Si cela n'eust pas esté Monsieur de Thou qui n'a jamais esté prodigue de carresses envers ses Domestiques, & qui a tousjours affecté de les humilier, se seroit bien gardé d'écrire à celuy-cy en des termes si obligeás & dans vn temps auquel mesme Soefve luy avoit insinué, qu'il ne pensoit qu'à se retirer de son service, aussi fust-ce le charme, par lequel ou avec lequel Monsieur de Thou s'y engagea tout nouvellement, puis que depuis ce temps-là il a continué de le luy rendre & tousjours avec autant de satisfaction de sa part, que d'inquietude de celle dudit Soefve qui prévoyoit tout le desordre qui est arrivé depuis par celuy que Monsieur de Thou vouloit tenir en la conduitte de ses affaires, desquelles il n'y a jamais eu que luy qui aye esté le Maistre, ayant tousjours méprisé ce que ledit Soefve prenoit la liberté de luy dire à ce sujet.

C'estoit aussi ce qui en donnoit le plus a feu Madame de Thou, & ce qui a sans doute le plus contribué à cette profonde melancholie, qui l'a accompagnée iusques à la mort, il n'en faut point d'autres témoignages que ceux qu'en rendroient Madame du Puy, & Mademoiselle de Varege, l'vne parente & l'autre amie de ladite Dame, qui faisoit estat de ces deux personnes à cause de leur vertu, & les autres personnes qui sçavoient ce qui se passoit dans son Domestique, & qui avoient l'honneur d'aprocher d'elle, mais celuy qu'elle donna en leur presence, & d'vn illustre Ecclesiastique (*c'estoit Monsieur le Curé de Saint André des Arts*) vne demie heure avant que de mourir, de la satisfaction qu'elle avoit des services que ledit Soefve y avoit rendus, & de la confiance qu'elle avoit tousiours euë en luy, par l'honneur qu'elle luy fit de luy recommander ses enfans, parle assez en sa faveur, ainsi que tout le service qu'il a rendu à Monsieur de Thou depuis le deceds de ladite Dame, soit à l'occasion des obligations ou il est entré pour luy en des temps ausquels il n'avoit pas vn sol (comme il avoit fait dans celuy de son Ambassade) soit au sujet de son second Mariage arrivé en 1665, lors de la proposition & conclusion duquel, il sçait bien que ce fut ledit Soefve seul qui eût l'honneur d'en estre le confident & le Mediateur, qui ne sont pas de petites marques d'estime & de confiance d'vn maistre pour vn Domestique.

Mais comme on voit rarement de seconds Mariages sans de grands changemens, soit que celuy de Monsieur de Thou n'eust pas donné à Monsieur de Meslay son fils aisné, toute la satisfaction qu'il auroit pû souhaiter, quoy que le party fust grand, & par le merite, & par la naissance, & par le bien qui se trouvoient dans la personne de Madame sa seconde femme, soit qu'il fust poussé par d'autres interests, comme ce qu'il a fait depuis l'a fait assez connoistre, le Pere & le fils ayans eû quelque demeslé ensemble en l'année 1666. au sujet d'vne plainte que le dernier auoit fait à son Pere touchant l'estat des affaires de sa Maison en l'absence de Soefve qui estoit lors dans le Boulonnois pour les affaires de la succession de Monsieur le Prevost & de l'Abbaye de Samer, voicy l'extrait d'vne Lettre que Monsieur de Thou Pere luy escrivit.

*De Vanves, ce Ieudy 18. May 1666.*

» IE desire achever l'affaire des Benefices de la Maison, & les mettre sur la teste de mes Cadets, afin » de les engager dans cette profession, & que mon Aisné en soit entierement dégagé, & s'aplique » tout à fait à la profession de ses Peres, & se rende digne du nom qu'il porte, & le porter à tout à » Charge & à Mariage pour l'avantage & le soustien de la Maison, & d'autant que ie suis adverty » *que Vous & Monsieur Boulliau* luy donnez des Conseils de garder ses Benefices, ie vous prie de ne » vous pas mesler de cette besongne, parce que i'en aurois tout le ressentiment que ie dois, cela » estant contre mon intention & contre le projet que i'en ay fait avec mon Fils, dont ie suis pre» sentement fort content, & ne voudrois pas avoir sujet de ne l'estre pas, ie vous prie aussi & vous » l'ordonne de ne vous ingerer pas de luy donner aucune information de mes affaires qu'autant que » ie le trouveray à propos, celles que vous luy avez données iusques icy luy ayant fait vn tres-grand » tort, & luy ayans donné des impressions qui pourroient faire de mauvais effets, s'il estoit bien » moins nay qu'il n'est pas, faites reflexion sur le contenu de la presente, & croyez que ie suis bien » veritablement, Vostre &c. de THOV. Paraphé, *ne varietur*, suivant nostre procez Verbal de ce » jourd'huy 25. Iuin 1670, ainsi Signé, Charpentier.

Soefue autant surpris qu'innocent de ce que Monsieur de Thou luy reprochoit qu'il avoit détourné son fils de resigner ses Benefices, & informé des affaires de sa Maison, ne feignit point de luy respondre de l'Abbaye de Samer ou cette Lettre luy fut adresée qu'il n'en estoit rien, mais que pour lever tout le soubçon qu'il en avoit & en pourroit avoir à l'avenir, il valloit mieux qu'il se retirast du Service, & pour cela qu'il luy donnoit la Carte Blanche, & voicy la réponce que Monsieur de Thou luy fit estant encores à Samer.

*Extraict d'vne Lettre escrite par Monsieur de Thou à Soefue, de Paris ce 20. May 1666.*

» POur ce qui est de vous retirer, ie n'ay point encores eu la pensée de me defaire de vous com» me il semble que vous le croyez, mais en cela il y a vne grande liberté de part & d'autre, » quand vous ne vous trouverez pas bien avec moy, vous serez tousiours tres-libre de vous retirer, » & de ma part si ie n'estois pas satisfait de vostre conduitte i'en vserois de mesme : mais cela se fe» roit tousiours dans les formes, & ie trouve fort à redire que vous alliez au devant des choses à » quoy on ne pense pas. Pour mon fils ie me flatteray tousiours qu'il ne fera rien contre ce qu'il » doit, mais si Dieu m'affligeoit à ce point qu'il arrivast le contraire, ie sçay bien à qui ie m'en puis » prendre, & ce ne peut estre qu'a ses Pedagogues & Conseillers.

» De cette Lettre resulte que Monsieur de Thou n'estoit pas absolument persuadé que c'estoit » Soefve qui avoit détourné Monsieur son fils de resigner ses Benefices, & quand il dit qu'il ne s'en » pouvoit prendre qu'a ses Pedagogues & Conseillers, il vouloit autant parler dudit Boulliau, qui » estoit asseurement la personne qui aprochoit le plus pres de luy, & en qui ledit sieur de Thou fils » avoit tant de creance qu'il avoit esté deux fois le confidentiaire de ce beau Benefice de Saint Sau» veur qu'il possede presentement, & dont on ne peut dire qu'il ne ioüiroit pas sans les soins, le ze» le, & la fidelité dudit Soefve, par ce que Boulliau estoit fort tenté de le retenir, & l'auroit fait sans » doute si quelque petit reste de reputation qu'il a voulu conserver parmy les amis de la Maison, » joint aux remontrances de Soefve ne l'eussent retenu, s'estant seulement contenté d'vne forte » pension de quinze cens livres qu'il a reservée dessus pour le prix de cette confidence, dont Monsieur de Thou pere qui voyoit que cela diminüoit d'autant le revenu de sa Maison ne fut pas sa» tisfait, mais de deux maux il falloit eviter le pire, & voicy de quelle maniere il en escrivit à » Soefve.

*Lettre escritte par Monsieur de Thou à Soefue, ce Mercredy 2. Iuin 1666. de Vanves.*

» I'Ay receu vostre Lettre, & ne croyois pas que l'aveuglement de mon fils pût aller iusques à ce » point de perseverer dans sa desobeïssance, & manquer d'vne si estrange façon à vne parolle » donnée si solemnellement à vne personne du merite, & de la qualité de Madame de Beaumont & dont

„ & dont elle l'a fait ressouvenir par la Lettre que Monsieur de Bonnœil luy rendit hier de sa part,
„ & comme ie ne puis attribuer cette faute qu'aux impressions & Conseils de M. Boulliau i'ay pris
„ resolution de l'oster de la maison, puis qu'au lieu d'y faire ce que i'en devrois attendre, il m'y
„ rend des desservices si sensibles. Ie vous adresse pour ce sujet vne Lettre que ie luy escris laquelle
„ vous luy donnerez en main propre, & recevrez de luy la clef de ma Bibliotequé & celle des Ma-
„ nuscrits Anciens & livres en blanc, que ie luy mande de vous mettre entre les mains suivant l'or-
„ dre que vous auez de moy: ie le prie de se retirer incessamment & au plustost, & ne desire pas
„ le trouver à mon retour, & le prie aussi de n'avoir aucun commerce ny de bouche, ny par écrit,
„ ny avec mon fils, ny avec ses freres, c'est pourquoy si à l'avenir vous aviez quelque connoissan-
„ ce du contraire, ie desire d'en estre adverty par vous afin d'y apporter le remede convenable;
„ I'espere que le mauvais conseil estant éloigné, mon fils sera plus capable de rentrer dans son
„ devoir; Vous m'avez fait plaisir de luy avoir parlé, & dit les choses que vous avez crû capable de
„ le détromper: Ie n'ay garde d'avoir encore fait aucunes plaintes de luy, puis que i'ay trop d'in-
„ terest de cacher ses manquemens jusques à ce qu'il les aye rendus luy mesme publics par vne
„ perseverance de sa mauvaise conduite. Mandez moy ce que M. Boullian vous aura dit sur la ré-
„ ception de ma Lettre & s'il l'aura fait voir à mon fils. Ie suis, Vostre, &c. de THOU, para-
„ phé, *ne varietur*, suivant nostre Procez verbal du 25. Iuin 1670. Signé, Charpentier.

*Autre Lettre écritte par Monsieur de Thou à Soefve, ce Ieudy aprés Midy 3. Iuin 1666. de Vanvres.*

„ MAdame de Thou est venuë icy chargée d'vne Commission dont elle se seroit bien passée,
„ qui est de me faire changer la resolution que ie pris hier à l'égard de Monsieur Boulliau,
„ ce que ie ne puis faire en aucune façon, estant expedient & pour luy & pour moy que les cho-
„ ses resoluës s'executent. Ie ne puis plus prendre aucune confiance en luy, & i'en ay cent raisons
„ qu'il n'est pas besoin d'expliquer; c'est pourquoy ie desire & entends que la chose se fasse au
„ plustost, il dépendra de la discretion de sa conduite que la chose se passe à moins de bruit qui
„ se pourra. Pour mon fils ie prendray avis de mes proches & de mes amis de ce que j'auray à faire
„ sur son sujet, & ie n'ay pas si mauvaise opinion de luy que ie ne le croye capable de r'entrer
„ dans son devoir, & de se reconnoistre en faisant ce que ie desire, à quoy il est obligé par toutes
„ les loix du devoir, de l'honneur & de la conscience. Ayés soin de manger avec mon fils. Ie suis
„ Vostre, &c. de THOU. Et au dos est écrit, Paraphé, *ne varietur*, suivant nostre Procés verbal
„ de ce jourd'huy 25. Iuin 1670. Signé, Charpentier.

Ces deux Lettres ne persuadoient que trop à Soefve la confiance que Monsieur de Thou avoit en luy, ainsi que la satisfaction qu'il avoit de ses services; mais Monsieur son fils n'en avoit point apparemment de la conduite de Monsieur son pere, non plus que le pere du procedé du fils, & de temps en temps il y avoit entr'eux de petits démeslez à ce sujet, quelque priere que Soefve fist à Monsieur de Thou fils, d'estre plus retenu envers Monsieur son pere.

Ce qui obligea sans doute Monsieur de Thou fils de prendre resolution de faire vn voyage en Italie au commencement de l'année suivante 1667. Mais parce que le Pere ne pouvoit consentir qu'il le fist revestu de ses Benefices qui estoient considerables, soit qu'il eust dessein de l'en dépoüiller pour luy oster les moyens de plaider contre luy, comme il sembloit le vouloir faire par les discours qu'il luy avoit tenus, & les plaintes qu'il luy avoit faites quelque temps devant, soit qu'il craignist qu'il ne luy arrivast quelque accident dans ce voyage estant infirme & delicat, il se servit du ministere de Soefve pour l'exciter à les resigner avant son depart à l'vn de Messieurs ses freres cadets, comme il avoit fait quelque année auparavant l'Abbaye de Samer, à la sollicitation dudit Soefve: Mais le fils n'en ayant rien voulu faire à cette fois, ce refus produisit vn grand desordre entr'eux, qui ne dura pourtant que jusques au lendemain par l'entremise d'vne Dame de qualité leur parente: (*C'estoit Madame de Beaumont*) qui fit leur reconciliation.

Monsieur de Meslay part donc pour son voyage d'Italie au commencement du mois de May 1667. dans la meilleure intelligence du Monde avec Monsieur son pere, du moins selon toutes les apparences, sans que Soefve pendant tout ce voyage ayt eû avec luy aucune correspondance, parce qu'il sçavoit que cela eust pû déplaire à Monsieur son pere qui ne laissoit pas de l'en soupçonner, ayant auprés de luy des gens qui faisoient tout ce qu'ils pouvoient pour le confirmer dans cette pensée: Mais Boulliau estoit le seul avec qui il en avoit, & celuy qui ne manquoit pas sans doute de l'informer de tout ce qui se disoit dans le Monde des affaires de la maison de Monsieur de Thou, aussi bien que des autres nouvelles, il n'estoit pas mal aisé de luy persuader quelles estoient assez mauvaises, puis qu'il y estoit déja sçavant auparavāt son depart, ce qui le luy confirma encore plus, estoit que Monsieur son pere ne faisoit pas tout l'honneur qu'il devoit à ceux par l'ordre & sur le credit desquels il touchoit de l'argent pour sa subsistance, qui estoit vne chose qui se devoit payer ponctuellement: Cela fust cause qu'à son retour qui fut au mois de May de l'année suivante 1668. aprés quelques conferences qu'il eût avec ce mesme

Boulliau & quelques amis, qui mouroient d'envie de sçavoir au vray l'estat des affaires, il prit resolution de se faire émanciper, pour donner ordre à celles tant de la succession de Madame sa mere, que de la succession de Monsieur le Prevost son Grand Oncle, qui l'avoit fait son legataire vniversel.

Cette resolution prise à laquelle Soefve n'eust aucune part, & quelque temps apres executée, donna sans doute à penser à Monsieur de Thou pere, qui ne douta plus que ce ne fust par les conseils dudit Soefve, qui pourtant, comme tout le Monde sçait, estoit lors absent de soixante & dix lieuës de la Ville de Paris, d'où il estoit sorty dés le mois de Iuillet de la mesme année 1668. par ses ordres & pour les affaires de sa Maison.

Cependant cette émancipation d'vn fils qui a encores son pere, mais vn pere de la qualité de Monsieur de Thou, ne donna pas moins à penser à ses creanciers qui ne douterent plus qu'il falloit qu'ils veillassent à leurs interests, puis que le fils prenoit ainsi des precautions pour les siens contre le pere.

Ce qui ayant produit vne multitude de saisies & d'oppositions, Monsieur de Thou tenta sur la fin de la mesme année 1668. vne surceance auprés du Roy pour les arrester, fondée sur la dépence extraordinaire qu'il avoit faite pour le service de Sa Majesté dans son Ambassade, qui avoit reduit ses affaires en l'estat quelles estoient ; mais n'ayant pas réüssi dans son dessein, il conçeut ou plustost vn conseil flatteur, luy fit prendre celuy d'adjouster à cette raison, celle d'vne mauvaise administration de son bien de la part de Soefve, & d'vn refus qu'il faisoit de luy rendre compte, par le moyen dequoy il ne pouvoit satisfaire à ses creanciers jusques à ce qu'il eust sçû l'estat de ses affaires, dont il luy avoit tousjours dérobé la connoissance.

Mais comme cette raison ainsi adjoustée à la premiere auroit esté aussi peu reçeuë pendant qu'on sçauroit que Soefve estoit encores dans le service, & actuellement demeurant dans la maison de Monsieur de Thou, cela joint au ressentiment qu'il avoit de l'émancipation de Monsieur son fils, quoy qu'il feignist y avoir luy mesme contribué, & a la croyance qu'il avoit que c'estoit Soefve qui luy avoit suggeré, causa tout l'éclat que le monde a sçû ; Car Soefve estant retourné à Paris sur la fin de Decembre de la mesme année 1668. Monsieur de Thou au lieu de luy témoigner quelque gratitude des deux voyages qu'il venoit de faire pour son service dans les Provinces de Bourgongne & du Boulonnois, où il avoit fait vn sejour de six mois, il luy fit vne querelle la plus injuste qui se puisse imaginer, fondée d'abord sur ce que Soefve, disoit-il, refusoit de luy rendre le Contract de son second Mariage, dont ledit Soefve ayant esté surpris, il luy répondit qu'il l'avoit rendu à Madame sa femme auparavant qu'il partist pour Bourgongne ( ce qui se trouva veritable, parce que quelques jours aprés elle le trouva dans ses papiers.) Cependant comme Monsieur de Thou vouloit que Soefve l'eust en sa possession, parce que son dessein estoit de luy faire vne querelle & qu'il falloit vn pretexte pour cela, Soefve ne peust pas s'empescher de luy dire que s'il n'en avoit point d'autres que celuy là, il n'y trouveroit pas son compte ; mais que comme il connoissoit bien que cela venoit de plus loin, il pouvoit luy parler à cœur ouvert, qu'aussi bien il y avoit déja quelque temps qu'il estoit adverty de ce qu'il vouloit faire, mais qu'il doutoit fort qu'il y réüssist, puis que ses intentions estoient si peu sinceres ; que pour luy il estoit bien aise qu'il luy donnast ainsi sujet de le prevenir, que d'orénavant il ne vouloit plus s'appliquer à autre chose qu'à achever les comptes qu'il avoit à luy rendre, & qu'il le prioit de travailler de son costé à le faire décharger des obligations & cautionnemens où il estoit entré pour luy, & pour raison dequoy tous ses biens se trouvoient saisis aussi bien que ceux du sieur de Thou.

Ce fut par où commença le démeslé d'entre Monsieur de Thou & Soefve, depuis lequel ils ne se sont point veus, mais il y eut vn commerce de lettres & billets entr'eux selon les rencontres, qui dura jusques au 25. de Février de l'année 1669. que Soefve s'estant plaint par écrit à Monsieur de Thou de toutes les calomnies qu'il publioit contre luy sans aucun sujet, il luy déclara ensuitte que ce grand compte sur le reliqua duquel il avoit assigné & assignoit ses creanciers estoit tout prest & qu'il pouvoit commencer à l'examiner ; que pour cét effet il le supplioit de luy nommer vne personne de qualité, és mains de laquelle il le peust mettre avec les pieces justificatives, l'asseurant par la mesme lettre que tous ceux qu'il nommeroit luy seroient agreables, mesme s'il vouloit que ce fust Monsieur de Harlay Conseiller d'Estat, ou Monsieur Genoud Conseiller en la Cour, tous deux ses parens, & voicy la réponse que Monsieur de Thou luy fist à l'instant, & le mesme jour 25. Février.

„ IE viens de recevoir vne grande paire d'écritures de vostre part, où il y a beaucoup de matiere „ qui merite par consequent d'estre releuë vne seconde fois & examinée, & pour cela il me „ faut du temps que ie n'ay pas auparavant disné, apres lequel ie vous feray réponce.
„ DE THOV.

A la verité Soefve creût de bonne foy que Monsieur de Thou l'honoreroit d'vne responce aprés son disner, où tout au plus tard le lendemain 26. Fevrier, puis qu'il le luy avoit fait esperer par ce billet : mais cette responce attenduë pendant trois semaines, & demandée tous les iours à Monsieur de Thou par les personnes qui approchoient de luy avec toute l'impatience qui se peut imaginer d'vn comptable qui ne cherche qu'à sortir d'affaires, ne vint que le 16. Mars ensuivant, mais d'vne maniere assez extraordinaire, puis que ce fut par vne Assignation qu'il fit donner à Soefve au Chastelet le mesme iour 16. à ce qu'il fust condamné à luy rendre compte pretextée d'vn refus imaginaire de l'avoir voulu rendre à l'amiable, d'abus & de malversations dans toute son administration.

Cette façon de demander vn compte, qui bien loin d'avoir iamais esté refusé, avoit encor esté offert, il n'y avoit que trois semaines à Monsieur de Thou, à qui par respect Soefue n'avoit osé faire des sommations pendant tout ce temps, par ce qu'il attendoit de iour à autre qu'il luy nommast vne personne es mains de laquelle il le pût mettre, surprit non seulement ledit Soefve; mais encores ceux qui estoient le plus dans les interests de Monsieur de Thou, ses Creantiers mesmes qui sçavoient les sollicitations qu'il avoit faites à la Cour pour avoir vne surceance contr'eux qu'il n'avoit pû obtenir crûrent que c'estoit vn jeu entre luy & Soefve, & qu'ils ne laissoient pas d'estre d'intelligence pour les tromper, & donner plus de couleur & de facilité à la grace du Prince refusée tant de fois, dont Soefve, qui se sentoit piqué au vif, non pas à cause de l'assignation, mais de toutes les calomnies & suppositions qui estoient dans la Requeste presentée par Monsieur de Thou à Monsieur le Lieutenant Civil, ayant desabusé lesdits Creanciers, il ne leur fut pas difficile de comprendre que cette rupture ne se pouvoit faire sans beaucoup d'aigreur & d'indignation de la part de Monsieur de Thou, ce qui suivit cette assignation la fait assez connoistre.

Mais Soefve ne vouloit point de procez, pour l'eviter, que fit-il? l'assignation luy fut donnée le 16. Mars 1669, & le lendemain ayant sçeu d'vn Chartreux que Monsieur de Thou devoit aller en la Maison de Monsieur le Marquis de Bourdeilles son parent il l'y alla trouver, mais Monsieur de Thou qui en eût advis pria Monsieur le Marquis de Bourdeiles qu'il ne le vist point, & le mesme iour sur le soir, Monsieur le Marquis de Bourdeilles fit dire à Soefue, qu'il avoit fait consentir Monsieur de Thou, à ce que Soefve mist son compte entre ses mains; en faisant par Monsieur de Thou le semblable de cette Requeste plaine d'injures, mais le lendemain ce n'est plus cela, Monsieur de Thou change de dessein, & Soefve apprend de Monsieur Genoud qu'il ne vouloit plus que son compte fust baillé à Monsieur le Marquis de Bourdeilles, mais à Monsieur de Harlay Conseiller d'Estat, dont Soefve ne laissa pas de témoigner de la ioye, mais l'inconstance de l'esprit de Monsieur de Thou, le fist bien tost changer de volonté, puisque le soir du mesme iour, il envoya dire à Soefve par le nommé du Chesne son Secretaire, qu'il ne vouloit n'y de l'vn n'y de l'autre: mais qu'il entendoit que Soefve luy apportast luy mesme son compte ou le donnast avec les pieces iustificatives à ce mesme du Chesne pour les luy porter.

Ce fut la raison pour laquelle Soefve voyant tous ces changemens de volonté, fit renvoyer le 20. la cause aux Requestes du Pallais en vertu de son Committimus.

On ne pouvoit pas faire plus de diligences de sa part, il est assigné le 16. Mars 1669; il recherche Monsieur de Thou le 18, & le 19 il connoist qu'il ne veut point aprocher, quoy qv'il en fasse les feintes. Le 20. il fait renvoyer, il estoit du devoir de Monsieur de Thou s'il eust voulu accelerer les affaires de consentir d'abord la retention de la cause & de proceder, mais ce n'estoit pas le sentiment de son conseil, il à des adresses toutes particulieres pour temporiser & pour fuir, sans qu'il y paroisse, & par ce que le Procureur ordinaire de Monsieur de Thou ne le servoit peut estre pas à sa mode, il est d'avis qu'on le revoque; il en fait constituer vn autre qui commence par vne procedure qui ne vient à la connoissance de Soefve que le 29 Avril ensuivant par la signification d'vne Sentence qu'il avoit surprise le 27, du mesme mois veille de Quasimodo que l'on n'entroit point au Pallais (sans avoir par vn prealable fait retenir la cause) par laquelle Sentence il fait condamner Soefve à rendre compte à Monsieur de Thou dans huictaine, & l'on affecte de faire ordonner que ce sera par devant Monsieur le Clerc de Lesseville (parce qu'il est son allié) sauf à faire droit sur la contrainte par corps, & Soefve condamné aux despens.

Le iour mesme de la signification de cette Sentence, Soefve baille sa Requeste surquoy Sentence contradictoire intervint le 10. May ensuivant, par laquelle il est receu opposant à la procedure de Monsieur de Thou, mesme à cette Sentence du 27. Avril qui sont declarées nulles, & en consequence de son consentement, on le condamne à luy rendre compte dans quinzaine par devant Monsieur Martineau Conseiller, ainsi n'en déplaise au conseil de Monsieur de Thou, il devoit retrancher du Cahier qu'il a fait Imprimer toute cette mauvaise & vicieuse procedure qui a precedé ladite Sentence du 10. May, puis qu'estant cassée & annullée, elle n'est d'aucune consideration & fait tout à fait contre luy.

Mais il n'est pas hors de propos de dire en cet en cet endroit vn mot de ce qui avoit esté fait par ledit Soefve auparavant ladite Sentence du 10. May pour la iustification de sa conduitte à l'égard de Monsieur de Thou, & lever toutes les impressions qu'il avoit voulu donner du refus qu'il faisoit, disoit-il, de luy rendre compte à l'amiable.

Pour cela il est à observer (& cela ne servira pas mal à faire connoistre dequoy est capable vn Procureur nouvellement constitué par la révocation d'vn autre, pour signaler son zéle & son adresse envers son cliant) que Soefve voyant que Monsieur de Thou estoit dans vn perpetuel assoupissement depuis le renvoy de la cause, luy qui en apparence vouloit ou du moins témoignoit vouloir avancer. Pour le réveiller dés le 16. dudit mois d'Avril qui estoit le Mardy de la Semaine Sainte, il donna à l'Huissier pour signifier au Procureur de Monsieur de Thou des offres de rendre le compte dont estoit question, avec vne Requeste pour venir plaider en la seconde Chambre : mais soit que le Procureur de Monsieur de Thou qui se servoit aussi du mesme Huissier, l'eust prié de ne luy point faire cette signification auparavant les Festes ( comme il est à presumer, ) soit qu'il ne l'eust pas rencontré à propos au Pallais, elles ne luy furent signifiées que le 29. dudit mois d'Avril. Et le mesme jour à huit heures du soir, on fait signifier posterieurement au Domicille du Procureur de Soefve & au sien mesme, cette pretenduë Sentence surprise le 27. Avril avec vn commandement d'y satisfaire : ce fut ce qui luy fit croire qu'on n'avoit empesché ces significations d'offres & de Requeste pour venir plaider en la seconde, que pour le prevenir & former vn conflit entr'elle, & la premiere en laquelle ladite Sentence du 27. avoit esté renduë.

Il est vray que Soefve se pourveut en la seconde, parce qu'il l'avoit saisie le premier; mais comme l'vne & l'autre luy estoient égales, & que dans les choses mesmes qui ne luy sont pas indifferentes, il s'est tousjours efforcé de donner à Monsieur de Thou tous les avantages qu'il a pû souhaitter, parce que d'ailleurs il prévoyoit bien qu'il diroit comme il a fait depuis que c'estoit luy qui avoit formé ce pretendu conflit à dessein de reculer, il proceda volontairement en la premiere.

Mais Soefve avoit fait signifier à Monsieur de Thou des faits, il estoit de son devoir d'y répondre avant la plaidoirie de la cause, il s'en donna bien de garde. 1o. Parce qu'il ne vouloit pas qu'il eust cét avantage-là sur luy, & en second lieu parce qu'il prévoyoit bien que quelque déguisement qu'il eust pû donner à la verité, il ne seroit pas mal-aisé à Soefve de persuader qu'il n'avoit jamais esté en demeure de rendre compte qui estoit la fin essentielle pour laquelle il vouloit faire interroger Monsieur de Thou.

Il estoit pourtant au pouvoir de Soefve ou de soustenir que toute Audiance luy devoit estre déniée jusques à ce qu'il eust satisfait à l'Ordonnance, ou de faire prononcer les faits tenus pour averez & confessez, neantmoins il eust encore ce respect là pour Monsieur de Thou, de laisser plaider son Advocat lors que ladite Sentence du 10. May intervint qui cassa sa procedure, aprés laquelle neantmoins il subit ledit interrogatoire ( ayant eû vent que Soefve alloit presenter sa Requeste afin que les faits fussent tenus pour confessez & averez, & voicy comment) Monsieur de Longueüil Conseiller de la seconde l'alla trouver avec l'Original desdits faits, & luy dit qu'il y pouvoit répondre en son particulier, & qu'il recevroit ses réponses comme s'il avoit répondu par sa bouche, l'Original de ces faits ainsi laissés à Monsieur de Thou, il le donne à coppier à du Chesne son Secretaire, & en suitte Monsieur de Thou baille à disner en sa maison de Vanves à Maistre Bernard Boüillie son Advocat, lequel aprés le disné fit écrire à Monsieur de Thou ses réponces sur chacun article desdits faits : Cela estant fait on les redonne à Coppier au mesme Duchesne qui les porte au Clerc de Monsieur de Longueüil, lequel en dresse son Procez Verbal & le porte signer à Monsieur de Thou, qui fait ensuitte signifier à Soefve le dudit Mois de May qu'il avoit suby l'interrogatoire.

Soefve le leve incontinent aprés, & trouve par la lecture d'iceluy tout ce qui luy en avoit esté dit, c'est à dire que Monsieur de Longueüil ne l'avoit point interrogé par sa bouche comme il estoit de son devoir, l'inspection de la piece en la forme que Monsieur de Thou la fait Imprimer & debiter, faisant assez juger de la maniere en laquelle cét interrogatoire a esté fait, ses réponces estans presques toutes ambiguës, ce qui monstre qu'elles ont esté concertées & étudiées à loisir. Aussi n'est-ce point le style d'vn veritable interrogatoire, mais l'ouvrage d'vn conseil flatteur & d'vn homme extrémement emporté qui a suivy aveuglement, les mouvemens d'vne indignation mal fondée; car il n'est pas croyable que si Monsieur de Thou eust esté interrogé en la maniere ordinaire, Monsieur de Longueüil eust voulu écrire ou faire écrire les injures & les calomnies dont ses réponces sont accompagnées, quelque complaisance & consideration qu'il eust pour sa personne, puis qu'il ne pouvoit pas ignorer non plus que Monsieur de Thou que l'Ordonnance le défend, & enjoint de répondre purement & simplement sur chacun fait sans invective, mais c'estoit son dessein d'en faire vn gros volume s'imaginant qu'on prendroit chaque réponce pour vn oracle.

Et certainement on s'est extrémement étonné dans le monde, que le conseil de Monsieur de Thou, s'il est vray qu'il en aye demandé avis auparavant, que de faire Imprimer tant de cahiers d'injures contre l'honneur & la reputation dudit Soefve ne l'aye détourné d'vn dessein si opposé à cette douceur, cette moderation & cette justice qui ont tousjours, dit il, reglé les actions de sa vie, car enfin quelle induction peut-il tirer de son interrogatoire, sinon la mortification qu'il a donnée à Soefve, non seulement de s'y voir traitté comme le plus scelerat de tous les hommes, & la verité de ses faits combattuë en quelques endroits par le mensonge, & en d'autres par des déguisemens & des réponces ambiguës comme Soefve le prouvera quand il en sera temps à la confusion du calomniateur.

Mais pour revenir à la Sentence du 10. May 1669, qui casse la procedure de Monsieur de Thou, & condamne Soefve de son consentement à luy rendre compte dans quinzaine, & faire connoistre en mesme temps l'artifice dont il s'est servy pour en éluder l'examen.

Sera

Sera observé que le 29. dudit mois de May ensuivant, Soefve presenta son compte par devant Monsieur Martineau en presence du Monsieur de Thou, ou quoy que ce soit de M. Luce son Procureur. Il estoit de l'ordre, qu'en mesme temps ce mesme Procureur suivant la nouvelle Ordonnance, retirast les pieces justificatives dudit compte des mains de celuy de Soefve, mais cela abregeoit trop les affaires. Monsieur de Thou s'avisa d'une precaution autant extraordinaire qu'inutile, sçavoir de requerir que la copie du compte que Soefve luy avoit fait signifier qui contenoit prés de neuf cens feuillets, fust paraphée de la main du Clerc de Monsieur Martineau, cela ne regardoit point Soefve. Quand M. de Thou en eût souhaité autant de l'Original de ce compte, comme il y avoit plus de raison, il y auroit aussi tost donné les mains qu'au paraphe de cette copie, auquel on employa toute l'apresdinée. Mais il ne se contenta pas de cela, il requist encore que les pieces justificatives du mesme compte, au nombre de cinq mil, fussent aussi paraphez de la main du mesme Clerc. Soefve s'y opposa, M. Martineau ne pût approuver ce requisitoire qui estoit contre la nouvelle Ordonnance; neantmoins, comme le Procureur de M. de Thou avoit ordre d'y perseverer, Soefve voulu bien encore luy donner cet avantage, en sorte qu'il fut employé six ou sept apresdinées au paraphe de ces pieces, qui fut fait par le Clerc de M. Martineau. Le Procureur de M. de Thou pouvoit à mesure que l'on paraphoit, retirer sous son recepicé ces pieces de celuy de Soefve; mais il prevoyoit que le temps de l'Ordonnance qui ne permettoit pas de les garder plus de 15. jours, coureroit du jour qu'il auroit commencé à les prendre en communication; de sorte qu'il les laissa toutes parapher. Mais comme Soefve voyoit qu'il ne les envoyoit pas retirer, il luy en fit faire une sommation parlant à Luce son Procureur, le Juin, avec offre de les luy faire mesme porter au jour & à l'heure qu'il luy marqueroit; mais ce n'estoit point son intention de les retirer. En tout M. de Thou qui avoit travaillé ou fait travailler à l'examen de ce compte sur sa copie, estoit persuadé qu'il n'y avoit rien dans la dépense qui ne fust justifié; & que cette dépense excedant la Recepte, il n'avoit plus rien à dire à ses Creanciers si une fois on les eut pû convaincre, que Soefve n'estoit point en demeure de rendre compte, comme il seroit arrivé s'il eust paru que M. de Thou eût eu par devers luy lesdites pieces justificatives, il faloit donc faire voir qu'il ne les avoit pas, & que Soefve fust encore en demeure.

Pour cela, que fait-on à Soefve de la part de M. de Thou? Le dudit mois de Iuin, on luy fait une sommation de reporter chez M. Martineau les pieces justificatives de ce compte pour estre, dit-on, procedé à la reconnoissance du paraphe de ces pieces, & ensuite estre retirées de ses mains par celles & sous le recepicé du Procureur de M. de Thou. Le lendemain Soefve répond à cette sommation, que c'estoit une illusion à Iustice; qu'il estoit prest, comme il avoit déja declaré par son Acte du jour de Iuin qui avoit precedé cette sommation, de les faire porter chez Luce Procureur de M. de Thou à tel jour, & à telle heure qu'il voudroit.

Mais il n'en falloit pas demeurer là, cette sommation faite à Soefve ne suffisoit pas pour le constituer en demeure, il falloit vaille que vaille une Sentence. Pour l'obtenir, on sçavoit bien qu'il seroit assez difficile, à moins que d'user d'une surprise, on épia le temps que Soefve estoit aux champs pour y parvenir, & le 19. Iuin M. de Thou presente Requeste à ce que Soefve fust tenu de reporter chez M. Martineau les pieces justificatives de son compte, pour estre procedé à la reconnoissance du paraphe d'icelles, & en suite estre retirées de luy sous le recepicé du Procureur de M. de Thou. Le Vendredy 21. M. de Thou obtient Sentence par defaut conforme à ses conclusions: & cette Sentence signifiée le lendemain Samedy au Procureur de Soefve, le Lundy ensuivant il baille sa Requeste, afin d'y estre receu opposant, & à ce que la procedure de M. de Thou fût declarée nulle.

Monsieur de Thou sçavoit que sa procedure ne se pouvoit soûtenir, mais c'estoit toûjours autant de temps gagné. Il s'avisa pourtant d'un autre stratagéme pour temporiser, & voicy comme il s'y prit. Soefve avoit obtenu contre luy le 31. May precedent une Sentence qui avoit ordonné que dans quinzaine il fourniroit les décharges des cautionnemens & obligations solidaires, esquelles il estoit entré pour luy envers ses Creanciers, qui se montoient à prés de deux cens mil livres de principaux, sinon & à faute de ce faire condamné à racheter les principaux des rentes, & payer lesdites obligations, & dés à present à l'acquiter & indemniser de toutes les poursuites que lesdits Creanciers faisoient contre luy, tant en principal, que dépens, dommages & interests. Monsieur de Thou forma opposition à cette Sentence, pretendant qu'il avoit fourny des fins de non-recevoir contre la demande de Soefve, & ayant demandé qu'elle fust jointe à l'instance du compte, sur ce qu'il soûtenoit qu'auparavant que de faire droit sur les indemnitez dont estoit question, il estoit prealable que ledit compte fust rendu, examiné & arresté.

Sur ces deux Requestes respectives, quoy qu'il fust facile à M. de Thou d'avoir Audience s'il eust voulu avancer, il fit neantmoins tout ce qu'il pust pour l'éviter, & Soefve la poursuivit un mois entier: finalement M. de Thou persuadé que ses Creanciers auroient juste sujet de croire que c'estoit luy qui reculoit, se resolut de faire trouver à l'Audience son Advocat, où par Sentence contradictoire du        Iuillet, Soefve fut receu opposant à la procedure de M. de Thou, mesme à la Sentence qu'il avoit obtenuë le 21. Iuin, ordonné qu'il prendroit cōmunication sous le recepicé de son Procureur des mains de celuy de Soefve lesdites pieces justificatives, & qu'au cas qu'il voulust faire proceder à la reconnoissance du paraphe d'icelles, que ce seroit aux frais dudit sieur de Thou, & à l'égard de la demande dudit Soefve concernant lesdites indemnitez, la Cour appointa les parties en droit à écrire, produire par devant Monsieur Charpentier Conseiller

De cette Sentence que M. de Thou s'est bien gardé de faire imprimer comme il a fait la procedure qui fut cassée par Sentence du 10. May 1669, Soefve tire deux fortes inductions du dessein qu'il a tousiours eu de fuir. La premiere, qu'il n'avoit pas raison de refuser de prendre en communication des mains de son Procureur les pieces justificatives du compte en question, puis que ladite Sentence l'y avoit obligé, & ainsi que c'est encore luy qui a fuy l'examen dudit compte. La seconde qu'il en a encore moins eu de pretendre que la demande de Soefve à ce qu'il fust tenu de l'acquiter des cautionnemens & obligations esquelles il estoit entré pour luy fust jointe à l'instance de compte, puis qu'il en a esté debouté, en ce qu'on a apointé les parties en droit à escrire, produire par devant M. Charpentier sans parler de jonction, laquelle il n'avoit demandée que pour temporiser.

Si cette Sentence donna quelque mortification à Monsieur de Thou il n'en faut pas douter, tant parce que son conseil l'avoit flatté qu'il en arriveroit autrement, que parce que tous ses Creanciers ou du moins la meilleure partie ne luy dissimulerent pas dans une assemblée qui se tint quelques iours aprés en la maison de M. Charlet Conseiller, & l'un d'iceux qu'il leur avoit paru, parce que Soefve estoit tous les iours aux pieds de la Cour à poursuivre une Audience, que ce n'estoit point luy qui reculoit : Que cela se voyoit assez par cette Sentence qu'il venoit d'obtenir, & qui avoit condamné la chicane de M. de Thou, qui s'en trouva d'autant plus convaincu que dans la mesme assemblée, il fut leu une Procuration que Soefve avoit passée, & qui y fut portée par Monsieur Joisel un de leurs directeurs, par laquelle il nommoit Monsieur Dormesson Conseiller d'Estat proche parent de M. de Thou & de ses Enfans, pour Arbitre souverain des differends qu'ils avoient ensemble à l'occasion dudit compte.

Aussi fust ce le motif pour lequel dés le soir mesme M. de Thou fit proposer à Soefve par Monsieur Genoud qui estoit present à cette assemblée : Que s'il vouloit bien donner son compte, & les pieces justificatives d'iceluy à Monsieur Nau Conseiller aussi Creancier & l'un des Directeurs, il le sortiroit d'affaires dans un mois ou six sepmaines au plus tard avec Monsieur de Thou.

Cette proposition ainsi faite le Mercredy au soir, le lendemain matin Soefve fit porter son compte & toutes ses pieces à Monsieur Nau, avec une expression de joye inconcevable de ce qu'il vouloit bien s'en charger, & prendre la peine de les voir. Il sçavoit les liaisons qu'il y avoit entre luy & les amis de Monsieur de Thou, qu'une grande Princesse qui en estoit sollicitée avec eux, ne manquoit pas de luy recommander ses interests contre luy, & que c'estoit la raison pour laquelle Monsieur de Thou en avoit fait choix, mais il ignoroit & ne se pouvoit persuader qu'il eût toutes les complaisances & les facilitez qu'il n'a que trop fait connoistre depuis pour les ennemis de Soefve, qui ne fit aucun scrupule de luy confier sans recepicé son compte & les pieces, quoy qu'il y en eût pour plus de trois millions, & de l'asseurer qu'il se soumettroit entierement à tout ce qu'il en ordonneroit, croyant que c'estoit de bonne foy que Monsieur de Thou l'avoit proposé, & dans la mesme intention : mais ce qui a suivy a bien fait voir le contraire, & que ce que M. de Thou en avoit fait n'estoit que pour le tromper, & voicy comment.

Monsieur Nau s'estant donné la peine dans le mois suivant, de voir tout le compte de Soefve & toutes les pieces justificatives, il luy fit ensuite l'honneur de l'entretenir sur quelques articles dudit compte, qui meritoient un peu d'éclaircissement pour le bien & l'interest des creanciers, & apres il les donna de son propre mouvement & sans le consentement de Soefve, qui auroit pris ses precautions s'il en eût esté adverty, en communication à Mr. de Thou, ou du moins à Grasset qui estoit un Procureur nouvellement par luy constitué au lieu de Luce qui l'avoit esté au lieu de Quesmas (car ce changement de trois Procureurs, fait assez connoistre le genie du cliant ou plustost du conseil qui le sert) Grasset donc prend en communication de Monsieur Nau, ce compte & ces pieces le 27. Septembre de la mesme année 1669. il les met le mesme iour entre les mains du nommé Oudin, cy devant Clerc de deffunt Maistre Iean Martinet Advocat en la Cour, que Monsieur de Thou avoit pris pour le servir dans ce qui luy restoit d'affaires. Cet Oudin qui avoit esté donné audit sieur de Thou par Maistre        le Verrier Advocat, ennemy declaré de Soefve, examine ce compte & ces pieces, pendant prés de sept mois qu'il les garda (quelques diligences que Soefve eût pû faire pour les retirer) mais se voyant enfin pressé par la peine statuée par la nouvelle Ordonnance, laquelle Soefve avoit demandée estre declarée encouruë contre le Procureur de Monsieur de Thou à faute de les rendre, & d'autre part ayant vû par l'examen de ce compte qu'il n'y avoit rien que dans l'ordre & parfaitement justifié, qu'on ne pouvoit former aucuns debats contre iceluy qui fussent recevables, & par consequent que Mr. de Thou ne pouvoit justifier tout ce qu'il avoit publié de la mauvaise conduite dudit Soefve dans l'administration des affaires de sa maison : Que cela estant ainsi, il passeroit dans le monde pour un ingrat & pour un emporté. Ce Solliciteur à gages qui ne cherchoit qu'à se rendre necessaire à Monsieur de Thou, & qui croyoit ne le pouvoir faire qu'en calomniant ledit Soefve, & le rendre odieux à tout le monde, persuadé qu'il estoit que c'estoit le dessein dudit sieur de Thou, & dudit Maistre le Verrier son Advocat à qui il vouloit aussi complaire, s'avisa de faire entendre à l'un & à l'autre qu'il y avoit un moyen de l'embarrasser par une inscription en faux, laquelle produiroit deux effets. Le premier reculeroit le jugement de l'instance de compte que Soefve vouloit poursuivre à faute de fournir de debats. Le second qu'elle feroit éclat, & donneroit attainte à sa reputation.

Pour executer un dessein si pernicieux, que fait-on ? sous le nom de Monsieur de Thou, on baille une Requeste, on expose que pour justifier du bon droit qu'il a contre Soefve, il luy est necessaire de luy faire reconnoistre quelques écritures privées, on prend une Ordonnance de Monsieur le Commissaire, on le fait assigner en son Hostel, il s'y trouve, on luy represente seize billets, sçavoir quinze dont le corps est écrit de sa main & signez, sçavoir deux de Monsieur de Thou & treize de feuë Madame sa femme, le seiziéme écrit, signé de la main du sieur de Meslay fils aisné de Monsieur de Thou, & endossé de celles des Sieurs Sadoc Pere & fils Banquiers à Paris, il ne sçavoit point à quelle intention on luy faisoit faire cette reconnoissance, il l'a fait de bonne foy, sans aucun examen de ces pieces, c'est à dire de celles dont le corps estoit écrit de sa main, cette reconnoissance ainsi faite on en demande copie figurée, il declare qu'il ne l'empesche point, le Clerc de Monsieur le Commissaire dit à Grasset Procureur de Monsieur de Thou, qu'il luy faut laisser ces pieces pour faire travailler à ces copies figurées, ce Soliciteur dont Soefve ne pouvoit pas prevoir le dessein, dit qu'il les emportera pour les faire luy mesme, ce qu'il fit, mais deux jours aprés Soefve fut surpris de voir par un dire dudit Grasset separé de la minutte du procez verbal de Monsieur le Commissaire, & concerté par ses ennemis que Monsieur de Thou protestoit de s'inscrire en faux contre la teneur & l'enoncé de 14. de ces billets, & par effet qu'il en avoit baillé sa Requeste. Soefve retourne chez Monsieur le Commissaire pour voir s'il n'y avoit rien de changé n'y d'alteré dans ces billets qu'il sçavoit estre sains & entiers quand il les donna à Monsieur Nau, mais il ne luy fut pas possible de les revoir, & il y a preuve comme ce Solliciteur ne les avoit pas encor remis és mains de Monsieur le Commissaire, de sorte que tout ce qu'il pût faire fut de repliquer à ce dire, qu'il n'empeschoit point que Monsieur de Thou ne formast telle inscription en faux qu'il voudroit, mais qu'il estoit de l'ordre que ces billets fussent remis entre ses mains pour estre par luy mis au Greffe, & apres que Monsieur le Commissaire les auroit paraphez, puis que Monsieur de Thou le desiroit ainsi, quoy qu'il n'y eust aucune precaution à prendre contre luy à cét égard, parce que ces billets ne pouvoient estre suprimez qu'en mesme temps il n'abandonnast les articles de dépence de son compte, qui ne pouvoient estre allouëz sans la representation d'iceux billets, toutesfois que pour d'émouvoir Monsieur de Thou & accelerer autant les affaires qu'il les vouloit reculer, Soefve consentoit que ces mesmes billets demeurassent és mains de Monsieur le Commissaire, au cas que la Cour le statuast ainsi, & non autrement, pour estre par luy mis au Greffe, apres toutesfois qu'il en auroit eû communication, & que son compte avec les pieces justificatives luy auroient esté renduës avec protestation que s'il se trouvoit quelque chose de changé ou d'alteré dans lesdits billets, de l'imputer audit sieur de Thou, & à ceux par les mains desquels ils avoient passé depuis plus de six mois qu'ils les avoient : Soefve requit encore de Monsieur le Commissaire, qu'il luy pleust enjoindre à Grasset Procureur de Monsieur de Thou de rendre ledit compte avec lesdites pieces justificatives, ou de statuer sur la Requeste qu'il avoit mise en ses mains dés le 11. Decembre precedent, à ce que faute de l'avoir fait, il fust condamné aux soixante livres d'amende, dommages & interests statuez par la nouvelle Ordonnance, qu'il eust à prendre le serment dudit Grasset, si dés le 5. dudit mois de Decembre il ne luy avoit pas esté signifié un sejour de trois livres au profit dudit Soefve, & s'il n'avoit pas soustrait l'original de la Requeste sur laquelle ledit sejour avoit esté donné des mains du Greffier a qui elle avoit esté baillée pour en delivrer l'executoire. Il requist de plus de Monsieur le Commissaire que s'il recevoit l'inscription en faux de Monsieur de Thou, que ce fust sans retardation de l'instruction & jugement de l'instance du compte.

Monsieur de Thou ou plustost Maistre le Verrier son Advocat, répondit à cette replique par des injures & des Imposture, qui ne luy sont que trop familieres, & particulierement quand avec le zéle qu'il a pour sa partie, il y joint le plaisir de se vanger de son ennemy, car on dira dans son lieu les sujets qu'il croit avoir de ne pas reconnoistre les plaisirs que la famille de défunt Maistre Jean Martinet, Advocat son beaupere a reçeus en differens temps dudit Soefve, & ce qui a donné lieu à cette chaleur avec laquelle il a plaidé & pris le party contre luy.

Il estoit des regles de la Iustice que Monsieur le Commissaire ordonnast un referé à la Chambre sur toutes ces contestations, ou en tout cas d'y statuer luy mesme, & particulierement sur les requisitoires de Soefve, & neantmoins il ordonne seulement que les pieces maintenuës fausses seroient mises au Greffe, & qui est ce qui les y met? ce solliciteur à gages, de quelle maniere? sous le nom de Soefve, comme si c'estoit luy ou son Procureur qui les y eust mis, cela est-il vray? l'extrait qui en a esté levé du Greffe, & l'étiquette du sac qui est écrit de la main de ce Soliciteur en font foy, au lieu que c'estoit à Monsieur le Commissaire à les mettre au Greffe, que son Procez verbal en deust faire mention aussi bien que le depost du Greffier, ce qui marque que ces pieces n'ont point sorty des mains de ce Soliciteur, depuis qu'elles luy furent baillées par le Clerc de Monsieur le Commissaire pour en faire les copies figurées, que pour les mettre au Greffe, dont seront tirées les inductions en son lieu.

On fait donc signifier à Soefve de la part de Monsieur de Thou, & seulement le 19. Mars 1670. la Requeste de permission de s'inscrire en faux, avec l'acte d'inscription en faux contre la teneur & énonciation du corps, de quatorze de ces billets, & comme si c'estoit un privilege particulier à Monsieur de Thou, on le dispense de consigner l'amende ordinaire, & statuée par l'Ordonnance.

Comme on n'avoit point signifié à Soefve que les pieces maintenuës fausses eussent esté mises au Greffe, & qu'il estoit de l'ordre de le faire: Soefve somme une fois, deux fois le Procureur de Monsieur de Thou qui en estoit chargé envers Monsieur Nau de les luy rendre, mais ce n'estoit pas leur dessein, leur artifice estoit mieux concerté, cependant Dieu permit qu'il fust découvert, en ce que Soefve fut advertty que Mr. de Thou avoit donné des moyens de faux, ce qui l'obligea de bailler sa Requeste le 30. May ensuivant afin d'estre reçû opposant à l'Ordonance de permission de s'inscrire en faux, mais le Clerc de l'Hussier ayant porté cette Requeste le mesme jour chez le Procureur de Mr. de Thou pour luy en faire la signification, il la retint en sorte qu'elle ne pust luy estre signifiée que le lendemain 31. à huit heures du matin, ce qui donna le temps à Mr. de Thou de faire sa brigue, & ayant reüssi il arriva qu'au préjudice du viennent qui avoit esté mis sur cette Requeste, Sentence intervint le mesme jour, mais posterieurement à la signification de ladite Requeste, par laquelle on déclara les moyens de faux pertinents, & ordonné qu'il en seroit informé tant par tiltres, comparaisons d'écritures, que par Experts dont les parties conviendroient.

En consequence de cette Sentence, Monsieur de Thou fait assigner Soefve pour convenir d'Experts, & quand il est devant Monsieur le Commissaire, il soustient qu'attendu qu'il n'en vouloit pas convenir, & qu'il se rapportoit à luy d'en nommer d'Office: Soefve n'en pouvoit pas nommer de sa part, ce qui fait aisément presumer que tout cela se faisoit à la main, & que Monsieur de Thou avoit déja insinué les Experts qu'il souhaitoit qui fussent nommez, & en effet sur le Procez verbal de Mr. le Commissaire, Sentence intervint qui nomme d'office six Experts, deux Maistres écrivains, deux Greffiers, & deux Notaires qu'il sollicita & fist solliciter par tout ce qu'il y avoit de gens de leur connoissance.

Ces six Experts font leur rapport, & pour y donner plus d'authorité & de formalité, & faire mieux valoir leur mestier, ils y consomment des mois entiers, quoy qu'ils sçeussent tout ce qu'ils avoient à dire auparavant, mesme qu'ils eussent esté nommez, instruits qu'ils estoient par la bouche de gens qui n'ignorent pas comment les faussetez se font, & qui sçavent bien qu'il n'y en a pas l'ombre d'une en aucune de ces pieces.

Cependant on est quatre mois & plus dans le silence, Soefve voit tous les jours le Clerc de Monsieur le Commissaire, pour sçavoir de luy si ces Experts avoient fait leur rapport, il luy dit qu'ils n'ont pas achevé & qu'il l'advertiroit, mais c'estoit des paroles, les effets estoient pour Monsieur de Thou.

Soefve est adverty le 8. Ianvier 1671. par un bruit de Palais, que Monsieur le Commissaire avoit le mesme iour fait son Raport du Procez verbal des Experts, & qu'il y avoit eu Sentence qui portoit un decret de prise de Corps contre luy, s'il en fut étonné il n'en faut aucunement douter: mais le jeu perpetuel de Monsieur de Thou est de surprendre tout autant qu'il pourra, & d'en tirer tous les avantages que l'on a vûs: & ce qui fait voir l'aveuglement, la passion & la precipitation avec laquelle on en use, est que ce Decret portoit un adjournement à trois briefs jours, quoy que par la nouvelle Ordonnance cela fust abrogé, & qu'elle eût statué une interdiction contre les Iuges qui y contreviendroient.

Le lendemain 9. Ianvier cette contravention allarme les gens, mais il n'y avoit plus de remede, la Sentence estoit delivrée au Procureur de Soefve qui en avoit levé autant pour prendre conseil de ce qu'il avoit à faire, on sollicite son Procureur pour luy faire rendre l'expedition de ladite Sentence; ce Procureur qui sçait son devoir n'en veut rien faire, on crie, on tonne, on menace, mais en vain.

Le iour suivant recommence de plus belle, on voit Maistre le Verrier, Advocat, & cet Oudin Soliciteur aller & venir dans le Palais, pour sçavoir ce qui estoit à faire, sur

sur ce que le Procureur de Soefve ne vouloit point rendre cette Sentence, on l'en solicite encor une fois, il resiste. Que fait-on ? Monsieur de Thou fait rendre une autre Sentence le mesme iour, qui rectifie à ce qu'on pretend la contravention de la premiere ; il la fait signer, expedier & signifier, à ce que porte la signification à dix heures du matin le mesme iour, & il est vray qu'elle n'estoit pas renduë à onze.

Tout cela marquoit assez l'affectation avec laquelle on vouloit servir Monsieur de Thou, ce fut la raison pour laquelle Soefve se pourveust au Parlement, afin d'estre reçeu appellant de toute cette procedure, & d'avoir des défences particulieres de mettre ledit Decret à execution.

Il sçavoit bien que regulierement un Decret de prise de corps s'execute nonobstant l'appel ; mais comme il n'y a regle si generale qui n'aye son exception, il esperoit que la Cour feroit reflexion sur les circonstances particulieres de l'affaire, qui sont que Soefve est domicilié à Paris, & qu'un assigné pour estre oüy par consequent suffisoit.

Que cette inscription en faux estoit incidente dans une affaire civile, en laquelle il s'agissoit de l'examen d'un copte dont la dépence est de prest de trois millions de livres, & que les billets dont est question qui en font partie ne montent qu'à 23000 liv. ou viron.

Qu'il ne seroit pas juste d'oster à Soefve la liberté de poursuivre l'instruction de ce compte en le detenant prisonnier, ou l'obligeant de s'absenter, qui est l'intention de Monsieur de Thou, qui sçait que sa justification dépend entierement de l'examen de ce compte.

Que cette inscription en faux est une pure calomnie (comme il espere le fair voir) & que Monsieur de Thou ne l'a formée qu'aprés avoir veu qu'il ne pouvoit donner attainte à la reputation de Soefve, que par là pour se vanger de luy, & luy oster la liberté de poursuivre contre luy l'execution de ses indemnitez, ayant temerairement interjetté appel de la Sentence qui l'a condamné de l'acquiter de toutes les sommes ausquelles il s'est obligé pour luy & en tous ses dommages & interests.

Que Soefve se trouvant creancier de Monsieur de Thou, non seulement par le reliqua de son compte comme il l'espere, mais encore de prés de deux cens mil livres, où il s'est malheureusement obligé pour luy envers ses creanciers qui tiennent saisi tout le bien de Soefve, & celuy de sa femme qui est pareillement obligée pour luy en une partie, Monsieur de Thou ne risque rien ; parce que dans l'évenement quelque reparation civile que Soefve puisse obtenir contre Monsieur de Thou, pour la fausse & calomnieuse accusation contre luy intentée, il en est à couvert, ayant fait un abandonnement de tous ses biens à ses creanciers, ce qui luy donne la liberté de tout entreprendre.

Que les billets contre lesquels l'inscription en faux est formée ayant esté prés de sept mois entre les mains de Monsieur de Thou, il n'y a pas a douter que ce ne soit de sa part ou de ceux à qui il a confié lesdites pieces, & qui sont ennemis dudit Soefve que proce de la fausseté (s'il y en a) estant certain, & Soefve le justifiera que c'est cet Oudin soliciteur qui a mis au Greffe les pieces maintenuës fausses, au lieu que ce devoit estre Monsieur le Commissaire, puis qu'on a affecté de ne les pas rendre à Soefve pour les y mettre comme il estoit de l'ordre.

Que la procedure de Monsieur de Thou aussi bien que le Decret de prise de corps estoient insoustenables, parce que Monsieur le Commissaire ne pouvoit connoistre de l'affaire ayant esté nommé pour arbitre par le Contract fait par Monsieur de Thou avec ses creanciers, & accepté ladite qualité par des Requestes qu'il a répónduës à aucuns desdits creanciers sur les contestations meuës entre quelques-uns d'entr'eux ainsi que Soefve fera voir.

Que les conclusions du Parquet n'avoient pu estre signées par un Substitut, n'y l'affaire raportée devant Monsieur le Procureur General, parce qu'il est parent fort proche de M. de Thou, & que c'estoit devant Messieurs les Advocats Generaux ou l'un d'eux qu'elle le devoit estre.

Mais quoy que la Cour eust fait beaucoup de consideration sur toutes ces circonstances neantmoins comme il s'agissoit d'un Decret de prise de corps dont l'appel ne suspend point l'execution par son Arrest du 24. Ianvier 1671. elle a seulement reçeu Soefve appellant sans prejudice de l'instruction du procez qui seroit fait jusques à Sentence difinitive, sauf l'execution s'il en estoit appellé, & à cette fin renvoyé les parties aux Requestes du Palais.

Voila l'estat des choses, & l'histoire veritable de tout ce qui a donné lieu aux emportemens de M. de Thou, & à l'artifice dont il s'est servy pour oster à Soefve les moyens de se défendre avec liberté contre sa persecution : car à l'égard de la pretenduë fausseté, c'est une pure calomnie qui n'a esté inventée que quand on a vû qu'il n'estoit pas en son pouvoir de prouver ce grand reliqua de compte de cinq à six cens mil livres, sur lequel il avoit assigné le payement de ses creanciers, & cette mauvaise administration dont il s'estoit plaint contre Soefve, dans le second placet qu'il avoit presenté au Roy pour avoir une surceance contr'eux.

Soefve sçait bien qu'il a affaire a des parties qui ont du credit & des intrigues, il ne l'a que trop éprouvé, il sçait bien qu'ils sont capables de tout dire & de tout faire, & qu'ils colonient

& déchirent la reputation des gens avec la mesme facilité, mais ny leur credit ny leurs artifices, ny cette dangereuse prevention dont ils s'efforcent de préoccuper les esprits ne l'épouvente point, il s'asseure sur sa conscience qui ne luy reproche rien, & sur la protection qu'il espere du Ciel, qui tirant quelquefois la verité du fonds de l'abysme dans les matieres les plus difficiles, ne souffrira pas sans doute que dans l'affaire du monde la plus innocente leurs illusions fascinent tellement les esprits que l'innocent en soit opprimé.

La premiere chose qui se doit observer en matiere de faux, est la qualité de la partie qu'on accuse aussi bien que celle de l'accusateur : car si l'accusé est un miserable accoûtumé au crime ou perdu d'honneur, on présume aisément que la necessité ou sa mauvaise inclination l'aura porté à commettre l'action ; mais au contraire si c'est une personne accommodée, & d'une reputation entiere, il est asseurément plus difficile de se persuader qu'il s'y soit engagé.

Icy Soefve a cet avantage qu'on ne peut rien dire contre sa conduite ; car que Monsieur de Thou la vueille faire passer pour criminelle à son égard, il n'en sera pas crû si l'on considere que c'est un homme emporté, qui veut par là excuser la sienne envers ses creanciers à dessein d'en tirer quelque grace dans le desespoir, où il est de leur avoir abandonné son bien & celuy de ses enfans, cela est il vray ? vingt-deux années de services qu'il luy a rendu sans reproche, doivent fermer la porte à toutes ses calomnies, & il ne croira point s'élever au dessus de la justice, & de la verité quand il dira qu'il n'y a homme vivant qui luy puisse reprocher, ny la moindre faute dans son administration, ny la moindre tache dans sa reputation.

Cela estant ainsi, qui croira qu'un homme de cette qualité aye commencé de devenir méchant par une fausseté capitalle, & qu'en commettant un si grand crime il aye voulu exposer tout d'un coup sa fortune, sa famille, son honneur & sa vie?

La seconde consideration qu'il y a en ces sortes de faussetez, est d'examiner l'interest qui peut avoir porté Soefve à commettre celle qu'on luy impute ; car il est certain que l'interest est le principe de toutes les actions des hommes, personne n'est gratuitement méchant, & il n'y en a point qui se portent au crime que ce ne soit dans la veuë de quelque profit, ou de quelque avantage.

Or on ne peut pas dire que Soefve aye commis ces pretenduës faussetez qu'on luy impute dans la veuë d'en profiter, puisqu'il sçavoit mieux que qui que ce soit que quand M. de Thou luy auroit esté redevable de cinq cens mil livres par un reliqua de compte, il seroit toujours le dernier creancier, parce qu'un reliqua de cópte de cette nature n'a hypoteque sur les biens de celuy à qui on le rend que du jour que le compte est arresté, & qu'il s'en faudra plus de deux cens mil livres que tous les creanciers qui le precedent ne soient payez.

On ne peut pas dire aussi que Soefve a commis ces pretenduës faussetez dans la veuë de moins devoir à M. de Thou, puisque pour son malheur outre plus de cent quatre-vingt mil livres en quoy il est obligé pour luy envers ses creanciers, il est asseuré que M. de Thou luy sera encore reliquataire, tant par le *finito* de son compte, que pour des sommes ausquelles il est obligé pour luy, attendu que les creanciers ne seront pas utilement colloquez sur ses biens, comme ceux qui ont travaillé à l'ordre ne le sçavent que trop, qui est une des raisons pour lesquelles le sieur Baudon l'un d'iceux a fait ordonner que les deniers destinez au remboursement de l'Office suprimé de Soefve qui se montent à prés de vingt mil livres luy seroient baillez à l'acquit de M. de Thou, sauf à Soefve & à sa femme qui y est aussi malheureusement obligée son recours contre luy, au moyen dequoy ils sont devenus ses creanciers directs. Ce qu'estant presuposé que dans l'un & l'autre cas, M. de Thou demeureroit toujours redevable à Soefve qui n'en estoit que trop persuadé, & qu'il n'y avoit aucune esperance d'estre jamais payé de son deub, par cette raison qu'il se trouvoit des derniers creanciers, quel avantage auroit-il eu de se servir de ces billets, & de les employer dans la dépence de son compte, s'ils eussent esté suspects des faussetez qu'on luy impute, puisqu'il estoit asseuré qu'il n'en tireroit aucun profit? & n'y a-t-il pas plus d'aparence de croire que s'il se fust senty coupable d'une malice aussi noire que celle-là, il eut mieux aimé les suprimer luy estant inutile, que de s'exposer à la derniere infamie en les produisant ?

D'où il s'ensuit que quand les Experts qui ont deposé de cette pretenduë fausseté seroient personnes exempts de tout soupçon, ce qu'ils ont décidé avec tant de hardiesse aprés un long discours & tant d'observations chimeriques, qu'on peut dire estre plustost le mystere & le secret de leur art que de leur connoissance, le jugement qu'ils donnent en ces matieres n'estant tout au plus qu'une simple conjecture sujette à milles erreurs, on ne peut pas y adjouster de foy, & il y a tant d'exemples d'Experts qui avoient condamné des pieces de fausseté qui dans la suite se sont trouvées veritables, & d'autres qu'ils avoient jugées veritables qui se sont trouvées fausses, que tous les Registres des Parlemens de France en sont pleins.

Car à l'égard du premier de ces billets contre le corps duquel on s'est inscrit en faux, & qui est un billet de neuf mil deux cens livres, datté du 30. jour de Decembre de l'année 1655.

on pretend & on la fait ainsi dire aux Experts qu'on a enlevé un premier corps d'écriture avec de l'eau forte, & qu'en la place on y a écrit ce billet, ce qui est ridicule parce qu'il est impossible dans le sentiment mesme des plus habiles en l'art de l'écriture, & verification des faussetez d'enlever aucun corps d'écriture de dessus du papier, sans qu'il y paroisse par des tasches roussastres qui demeurent en quelques endroits en la place des Lettres qui ont esté enlevées, & ny les Experts qui ont parlé de cét enlevement ny qui ce soit, ne sçauroient monstrer par aucune experience que cela se puisse faire, & comme on a sçû par des Ecrivains aussi experimentez que ceux que Monsieur de Thou a pratiqués, qu'il est aisé de faire revivre un premier corps d'écritures qu'on pretend avoir esté enlevé, en enlevant celle qui a esté mise en la place de la premiere, Soefve se soumettroit volontiers à cette épreuve en sacrifiant ledit billet, s'il n'avoit pas sujet de soustenir que l'écriture qui se trouve aujourd'huy sur cette piece, pour n'estre pas la sienne, mais quelle peut avoir esté contrefaite sur icelle, & que s'il y a quelque alteration sur le papier, elle procede du fait de ses ennemis; car enfin, si l'on considere qu'elle a esté avec les treize autres, contre l'énoncé desquelles l'inscription en faux est formée, prés de sept mois entre leurs mains, peut-on douter que ce ne soit eux qui ont fait les faussetez s'il y en a.

D'ailleurs peut-on s'imaginer que s'il estoit aussi aisé que les Experts de Monsieur de Thou le pretendent d'enlever un corps d'écriture estant sur du papier, & d'en substituer un autre en sa place, & que Soefve eust esté capable de se servir de cette maudite invention pour parvenir à la fausseté dont on l'accuse, il se fust contenté de faire le billet en question pour une somme modique de 9200. liv. puis qu'il luy estoit aussi facile, & mesme plus advantageux d'en faire un de plus grande somme, ou d'en faire plusieurs de differentes sommes, puis qu'il avoit entre ses mains d'autres billets signés de Monsieur de Thou, dont il luy estoit plus aisé, puis qu'ils sont la plus-part écrits de sa main, d'enlever un ou deux mots des sommes y contenuës, & d'y en adjouster d'autres de plus grandes sommes, que non pas un corps tout entier d'écriture, par exemple d'un billet de deux mille francs, il n'avoit qu'à enlever le deux & mettre en sa place tel autre nombre en augmentant ce qu'il auroit voulu, ce qui auroit beaucoup moins paru, que si un corps d'écriture entier avoit esté enlevé par ce maudit secret, duquel ledit Soefve n'avoit jamais entendu parler qu'aprés l'inscription de faux formée contre ledit billet, & depuis le rapport desdits Experts.

Mais ce qui fait encore plus voir la malice de Monsieur de Thou, & que son dessein n'est que de ruiner Soefve de biens & de reputation, & luy oster les moyens de poursuivre l'examen de son compte, dont l'évenement ne peut-estre qu'à sa confusion, parce qu'il le justifiera dans le monde contre ses calomnies, il est bon en cét endroit de faire l'histoire de ce billet, par laquelle Soefve pretend se justifier de la fausseté qu'on luy impute.

Ce billet est composé de deux parties reduites en une, qui se monte à neuf mil deux cens livres; sçavoir six mille livres que Soefve luy porta le 30. Decembre 1655. immediatement aprésdiné à un rendez-vous que Monsieur de Thou luy avoit donné, vis à vis Saint Paul (Soefve dira quand il en sera temps le nom de la personne à laquelle il presume que Monsieur de Thou la porta, & quelque chose de plus qu'il veut taire par discretion, comme beaucoup d'autres choses qui serviroit à sa justification, contre toutes les calomnies de son persecuteur) & trois mil deux cens livres que Soefve avoit fourny audit sieur de Thou, pendant & depuis le mois de Janvier, jusques audit jour trentiéme Decembre 1655. en plusieurs petites & differentes parties contenuës en un memoire, & certains billets qu'il retira par devers luy, aprés avoir signé ledit billet lequel fut écrit par Soefve dans la Chambre, & sur la table de Monsieur de Thou, comme il estoit au lit, le soir du mesme jour 30. Decembre, & laissé sur la mesme table pour luy faire signer, & le deuxiéme Janvier 1656. Soefve estant allé voir ledit sieur de Thou, il dit à son Valet de Chambre ces mots, *tirés ce billet que vous avez mis dans ce Livre*, lors ce Valet de Chambre tira ledit billet d'un grand Livre nommé Athlas, & Monsieur de Thou l'ayant signé le donna audit Soefve, mais comme il fait tout ce qu'il peut pour décrier ledit Soefve, il a crû que c'en estoit le vray moyen quand par une inscription de faux, dont l'éclat s'épandroit dans le monde, il soutiendroit que ledit billet n'est pas veritable.

Car pour faire croire qu'il ne l'est pas, il faudroit que Monsieur de Thou soustint que dans toute l'année 1655. c'est à dire depuis le mois de Janvier de cette mesme année, Soefve ne luy a pas baillé un sol, ce qui ne pourra tomber dans l'esprit de qui que ce soit, si l'on considere mesme ce que Soefve luy a fourny dans les années precedentes, & qu'estant d'humeur & d'inclination à faire de certaines dépenses secrettes, il se soit passé d'argent pendant cette année là, estant à remarquer que depuis le 23. Janvier de ladite année, Soefve n'a employé dans la dépence de son compte aucune autre somme par luy fournie à Monsieur de Thou, que celle de 9200. liv. portée par ledit Billet.

Mais ce qui fait encore voir qu'il n'y eust jamais de billet plus veritable, & que la somme de 9200. liv. dont il est composé, a effectivement esté fournie par Soefve à Monsieur de Thou, qui n'en peut pas disconvenir aprés l'avoir reconnu par sa signature contre laquelle l'inscription en faux n'est point formée, c'est que ce mesme billet est employé en dépence dans ce compte general que Soefve presenta à Monsieur de Thou sur la fin de 1656. ou au commencement de l'année 1657. & qui se trouve paraphé de luy au commencement & à la fin, tant de la recepte que de la dépence, & quoy que ce compte n'aye pas esté arresté il ne laisse pas de faire foy pour montrer que si ledit billet n'eust pas esté veritable; Soefve n'eust pas esté assez hardy ny assez impudent que de l'exposer & l'employer dans la dépence de ce compte presenté à Monsieur de Thou, en un temps auquel il n'y avoit qu'un an que ce billet estoit fait, & que la memoire dudit sieur de Thou pouvoit estre assez ressente, & le faire souvenir s'il avoit ou n'avoit pas signé ledit billet, & s'il avoit ou n'avoit pas receû la somme y contenuë, ce qui ne peut recevoir de contredit.

A l'égard des 1.. billets qui suivent celuy là & contre l'enoncé desquels l'inscription en faux a aussi esté formée, ce sont billets aussi écrits de la main de Soefve, signez de celle de feu Madame de Thou de diverses sommes qu'il a fournies à ladite Dame en differens temps, qui se montent à treize mil livres ou environ, on pretend & on l'a aussi fait dire aux Experts que l'on a fait apres coup ces billets de plus grandes somme que celles qu'il luy a effectivement fournies, c'est à dire que dans ceux où il n'y avoit que mil livres, on y a adjousté deux au bout de la premiere ligne pour faire qu'il y eust 2000. liv. à ceux où il n'y avoit que neuf cens francs, on y a adjousté dix au bout de la premiere ligne, pour qu'il y eust dix neuf cens liv. que de quatre cens francs on en a fait quatorze, de trois treize, & que de certains billets qui n'estoient que de vingt francs, on les a fait de six, sept, huit & neuf vingt livres, en adjoustant aussi les nombres au bout de la premiere ligne de ces billets.

Mais pour établir cette fausseté pretenduë ou plustost cette pretenduë addition de mots, il faudroit que Mr. de Thou montrast qu'effectivement Soefve n'a point fourny entierement à feuë Madame sa femme les sommes contenuës en ces billets, car de dire que ces nombres qui ont augmenté les premieres sommes, ont esté adjoustez apres qu'elle a eu signé lesdits billets, il faudroit que l'encre avec laquelle on a écrit, ces mots pretendus adjoustez parust n'estre pas la mesme que celles dont les corps de ces billets ont esté écrits, encore ne seroit-ce pas une conviction qu'ils auroient esté adjoustez aprés coup, par ce qu'il se pourroit faire que Madame de Thou n'ayant demandé d'abord à Soefve que mil liv. que neuf cens livres, & ainsi des autres sommes pour lesquelles lesdits billets auroient esté premierement conçûs, Madame de Thou s'étant advisée puis apres de demander davantage, Soefve eût augmenté sur ces mesmes billets la somme qu'elle auroit demandée d'augmentation, & comme de iour à autre l'encre change de couleur, que ces nombres adjoustez parussent avoir esté écrits aprés coup d'une autre ancre: mais s'ensuivroit-il de là que l'enoncé de ces billets fut faux, & que ce qu'on pretẽd avoir esté adjousté aprés coup n'eust pas esté effectivemẽt fourny.

D'ailleurs ce qui est à observer sur cet article, est que de tous les billets que Soefve a fournis à feu Madame de Thou, il n'y en a pas six qu'elle ait signés devant luy, & voicy comment cela se faisoit, lors qu'elle demandoit de l'argent à Soefve, il luy portoit dans un sac tantost la somme qu'elle avoit demandée, tantost ce qu'il pouvoit luy donner, parce qu'il en estoit quelquefois fort court, avec un billet de ladite somme écrit de sa main & luy laissoit le tout, à ce qu'elle put signer à sa cõmodité ledit billet qu'elle renvoyoit signé audit Soefve, à quelque iours de là par la nommée Claire sa femme de Chambre & sa confidente, laquelle d'autre fois estoit celle qui venoit demander à Soefve de l'argent de la part de sa Maistresse, lequel il luy donnoit avec un Billet de la somme, qu'elle ne luy raportoit que quelque temps aprés, & le plus souvent quand elle luy venoit demander d'autre argent, & la raison pour laquelle ces billets luy demeuroient si long-temps, c'est qu'elle les écrivoit sur son Iournal à mesure que Soefve luy fournissoit de l'argent; lequel journal, ainsi qu'il a esté dit, M. de Thou a malicieusement suprimé de peur que la verité ne fut connue, ledit Soefve l'ayant vû plus de vingt fois dans son cabinet depuis la mort de Madame sa femme, & si cette femme de Chambre qui en tenoit pareillement un Registre de sa part, parce que c'estoit elle qui distribuoit presque tout cet argent par les ordres de sa Maistresse, des mains de laquelle elle le reprenoit le plus souvent, aprés luy avoir baillé, vouloit representer ledit Registre, on y trouveroit sans doute la plus grande parties desd. billets; mais on peut dire qu'elle n'est pas raisonnable sur ce point parce que quand ledit Soefve aprés la mort de Madame de Thou (sans penser qu'il dût jamais avoir aucun demeslé avec M. de Thou) luy a demandé le memoire de l'argent qu'elle avoit receu dudit Soefve par les mains de sa Maistresse, & de la dépense qu'elle en avoit faite, afin d'en faire voir l'employ au Maistre, elle ne s'en est deffenduë qu'en disant qu'elle avoit tout bruslé, attendu que sa Maistresse l'avoit déchargée d'en rendre aucun compte.

Quoy qu'il en soit, s'il est vray que lesdits billets sont demeurez plusieurs iours entre les mains de Madame de Thou, & qu'elle a eu beaucoup plus de temps pour les considerer, lire & relire, que si elle les eust signez sur le champ, presumera-t'on qu'elle eut voulu signer ceux dont il s'agist aujourd'huy, si elle se fust apperceue qu'il y avoit du blanc au bout de la premiere ligne, sans en mesme temps remplir ce blanc d'un tiret.

Mais entrera-t'il dans le sens commun que Soefve eût esté encor assez hardy pour presenter &

& envoyer à Madame de Thou, des billets dans lesquels il eût laissé du blanc au bout de la premiere ligne, comme on pretend qu'il a fait, pour y remplir (apres la signature de ladite Dame) les sommes ou les nombres que l'on pretend qui ont esté adjoustez apres coup dans ce blanc qui estoit au bout de la premiere des lignes de chaque billet, & que cette Dame qui estoit vne des plus advisées & plus circonspectes Dame qui fussent au monde, n'eust pas pris garde en lisant ces billets qu'on avoit laissé du blanc au bout de la premiere de ces lignes certainement il n'y a pas d'aparence & ce seroit la vouloir faire passer pour vne personne sans esprit & sans jugement.

Oüy mais, dit-on, cette affectation de mettre au bout de la premiere ligne de chacun de ces billets le nombre de ces sommes qu'on pretend y avoir esté augmentées sans tirer de queuës comme aux autres lignes des mesmes billets, fait presumer encore davantage que ces nombres ont esté adjoustez apres coup.

En verité voilà vn beau raisonnement & vne merveilleuse décision pour des experts, car si des presõptions estoient reçeuës en Iustice pour des preuves de fausseté, il n'y a point d'acte qui n'en puisse estre soubçonné quand il plaira à vne partie de former par malice vne inscription de faux. Quoy parce que les nombres se trouvent au bout de la premiere ligne de ces billets, & parce qu'il n'y a point de queuë tirée comme à la fin des autres lignes, ce sera vne preuve qu'ils auront esté adjoustez apres coup; & sur ce fondement l'on dira que ces billets sont faux, il n'y a rien de plus extravagant, à la verité si Soefve ne rapportoit que ces douze billets de Monsieur ou de Madame de Thou, peut estre qu'on pourroit faire quelque fondement sur cette objection, encore ne seroit-elle pas convainquante, mais quand on considerera que dans la quantité des billets de ladite Dame de Thou qui font partie du dixiéme chapitre de dépence du compte de Soefve; qui sont au nombre de il s'en trouve seulement douze dans lesquels on pretend que la somme se trouve au bout de la premiere ligne de chacun billet, il n'y a personne qui ne soit persuadé que cela a esté fait sans aucune affectation de la part de Soefve, & que s'il se trouve quelque chose de changé & d'alteré dans l'écriture qui marque la somme portée par ces billets, soit par la difference de la couleur de l'ancre, soit par la diversité de la taille de la plume d'avec le reste du corps de l'écriture desdits billets, il ne puisse & ne doive estre imputé à Monsieur de Thou ou à ceux dont il s'est servy, lesquels comme dit est ayant eû par devers eux pendant six ou sept mois tous lesdits billets peuvent y avoir fait tout le mal, qu'on pretend s'y trouver aujourd'huy si tant est qu'il y en ait.

Il y a vn quatorziéme billet de la somme de six vingts Louys d'or que Soefve a fourny à Monsieur de Thou, contre l'énoncé duquel il s'est pareillement inscript en faux pretendant qu'il n'estoit originairement que de vingt Louys d'or, & que Soefve y a adjousté comme à ceux de ladite Dame de Thou vn six au bout de la premiere ligne dudit billet, pour en faire six vingts Louys d'or apres que ledit sieur de Thou l'a eu signé, & pour preuve de ce fait on ne dit rien autre chose, en sorte que l'on veut faire encore passer vne conjecture pour vne preuve convaincante de fausseté, ce qui n'est pas moins absurde, car presumera-t'on que Soefve eust eu l'effronterie de presenter à Monsieur de Thou vn billet avec vn blanc au bout de la premiere ligne, a l'endroit le plus essentiel & que Monsieur de Thou eust esté si peu éclairé que de le signer, comme il a fait sans tirer la ligne à l'endroit ou ce blanc auroit paru, certainement cela choque tout ce qu'il y a de bons sens.

Mais ce qui fait encore voir à cét égard la malice & la mauvaise foy, tant de Monsieur de Thou que du sieur de Meslay son fils aisné & l'vn des persecuteurs de Soefve, puis que c'est luy qui fomente la division survenuë entre les parties, & qui a porté son pere de pousser les choses à la derniere extremité, pour reconnoissance de tous les services que Soefve luy a rendus en son particulier, puis qu'il ne peut pas disconvenir, que si la consideration de Soefve qu'il fut trop heureux d'appeller à son secours, lors que les Postillons de la Poste de Ris qui s'estoient saisis de ses pistolets le tenoient au Collet à son retour de Rome ne luy sauva pas la vie, du moins empescha-t'elle qu'ils ne luy fissent vn fort mauvais party, voyant qu'ils avoient à faire à vn jeune homme dont le courage ne paroist que quand on ne luy resiste pas, & qui fut bien ayse de la rencontre dudit Soefve pour le rasseurer de la peur qu'il avoit & de trouver sa maison pour essuyer les larmes qu'il en versoit. Qu'il ne peut non plus disconvenir que ledit Soefve luy a conservé par deux diverses fois, par ses soings & sa fidelité le benefice de Sainct Sauveur quoy que souvent sollicité par des personnes puissantes & plus reconnoissantes que luy de leur ayder des pieces qui justifioient que le sieur Boulliau en avoit esté deux fois le confidentiaire. Qu'apres la mort de Monsieur le Prevost ce fut luy qui sollicita auprés du Roy & de la feuë Reyne Mere, Monsieur de Thou pere estant lors en Hollande, le Canonicat de l'Eglise de Paris & l'Abbaye de Samer qu'il luy avoit resignez, & qu'il a enfin empesché les Religieux Reformez de l'Ordre de S. Benoist, d'entrer dans le Prieuré de S. Sauveur, dont ils voulurent s'emparer apres la mort du sieur Goüasse ancien Religieux dudit Prieuré, & le seul qui y restoit, ce qui auroit sans doute diminué de plus d'vn tiers le revenu de ce benefice qui le fait presentement subsister.

C'est que ce mesme fils sçait aussi bien que son pere que cette somme de six vingts Louys d'or contenuë en ce billet, fut effectivement fournie par Soefve à son pere, parce que le jour mesme

E

qu'il la luy bailla, ce fils aisné ayant demandé à Soefve trente Louys d'or dont il avoit besoin, Soefve luy dit qu'il ne le pouvoit pas, attendu que son pere à qui il venoit de donner ces six vingts Louys l'avoit épuisé, & l'apresdinée du mesme jour le fils aisné s'entretenant avec Soefve, sous le vestibule de la maison dudit sieur de Thou avec lequel ils venoient de disner, vne Dame dont on dira le nom en son lieu, estant venuë dans le mesme temps pour voir ledit sieur de Thou, ce fils aisné qui la connoissoit de nom & de reputation, dit à Soefve ces mots, *la voila qui vient prendre les six vingts Louys d'or*, & ce fut le nommé Pataut lors premier Laquais, & le fidelle de Monsieur de Thou, & à present son Maistre d'hostel qui ouvrit la porte à cette Dame, & qui la conduisit dans son appartement. Et qu'apres cela le pere & le fils ayent la temerité de soustenir que ce billet est faux en la totalité de la somme portée par iceluy, & qu'elle n'estoit quand le pere signa le billet que de vingt Louys d'or, il n'y a pas à douter qu'il n'y ayt vn fonds de malice dans tout leur procedé, & que leur intention n'est que de ruiner la reputation de Soefve.

Mais quand on fera reflexion sur ce que le premier de ces billets contre lesquels on a temerairement formé l'inscription en faux, qui est du dernier Decembre 1655. a esté comme a esté dit employé par Soefve en dépence, dans vn compte qu'il presenta à Monsieur de Thou vn an apres, lequel il a paraphé de sa main & dont il a par devers luy le double. Que les douze de Madame de Thou dont les premiers ont aussi esté employez en dépence dans ce mesme compte, & toutes les sommes y contenuës écrites dans le livre journal de ladite Dame que ledit sieur de Thou a supprimé exprés, avec bien d'autres memoires d'elle qui alloient à la décharge de Soefve, afin que la verité ne fut pas connuë. Quand on fera consideration sur la circonstance de ce billet dudit sieur de Thou de la somme de six vingts Louys d'or, qui est le quatorziéme & dernier desdits billets, & sur ce que dans le compte general dudit Soefve qui est de prés de deux millions sept cens vingt mil tant de livres de recepte, il a fait recepte de plus d'vn million de livres dont il n'a jamais esté chargé, Monsieur de Thou en ayant baillé luy mesme les quittances, qu'il a pareillement fait recepte des deniers provenans de la vente qu'il a fait à diverses fois par son ordre de partie de sa vaisselle d'argent, d'vn collier de perle de grand prix & d'vne chaisne d'or aussi de prix, quoy qu'il n'en fust aucunement chargé, & qu'il eust peu soustenir en avoir manuellement baillé le prix, soit audit sieur de Thou, soit à Madame sa femme, quand on s'arrestera sur ce que Soefve a fait recepte d'vne somme de dix mil livres, procedant d'vne restitution qui fut faite à Monsieur de Thou pendant son exil, & qui avoit esté confiée à Monsieur de Sainte Beufve Docteur de Sorbonne, dont ledit Soefve n'estoit non plus chargé, ainsi que d'vne somme de deux mil livres dont il a pareillement fait recepte, bien qu'elle luy eust esté liberallement donnée par vne des legataires de feu Monsieur le Prevost, en consideration du payement qu'il luy fit de son legs, dans le temps de l'Ambassade de Monsieur de Thou, & laquelle somme il pouvoit par consequent appliquer à son profit. Quand enfin on fera reflexion sur vne somme de deux mil tant de livres qu'il trouva apres le deceds & dans le cabinet d'vn Religieux du Prieuré de S. Sauveur dont il a pareillement fait recepte, sans qu'il peust estre convaincu d'avoir trouvé cette somme qui estoit le pecule de ce Religieux, & sur quantité d'autres parties qu'il a employées de bonne foy dans la recepte de son compte, quoy qu'il n'en ayt jamais esté chargé, pourra-t'on croire que Soefve qui pouvoit mettre à l'écart & sans estre recherché vne partie de toutes ces sommes qui reviennent à vnze & douze cens mil livres, eust voulu s'exposer à la derniere infamie en faisant des faussetez, non pas pour vne somme de vingt trois mil tant de livres à quoy montent ces billets, contre l'enoncé desquels on s'est inscript en faux, mais pour celles dont on pretend qu'ils ont esté augmentez qui est beaucoup au dessous, en verité cela ne peut pas tomber dans l'esprit de qui que ce soit.

Et ce qui prouve encore l'innocence dudit Soefve, & la fidelité avec laquelle il a servy ledit sieur de Thou, est vne obligation qu'il a par devers luy, le nom du Creancier en blanc de quarante-quatre mil livres passée par ledit sieur de Thou, laquelle n'a pas eû son effet, par ce que celuy qui devoit fournir cette somme se dedit, mais qui empeschoit Soefve de faire remplir cette obligation de telle personne qu'il eût voulu, & de s'en faire donner quittance par le Creancier, & l'employer en despence dans son compte, plustost que de faire ces pretenduës faussetez, il y auroit trouvé plus d'avantage, & plus de seureté, & Monsieur de Thou n'auroit pas esté recevable à dire qu'il n'avoit pas receu cette somme, luy qui a reconnû par cette obligation qu'elle luy avoit esté payée.

Ce qui fait voir qu'il n'y eût jamais d'inscription de faux formée avec plus de temerité, & que ce que Monsieur de Thou en a fait, n'a esté que pour avoir occasion de faire insulte audit Soefve asseuré qu'il a esté, que trouvant des Experts à sa devotion, & leur faisant dire tout ce qu'il voudroit, appuyé des brigues & des recommandations de tous ses amis envers les Iuges, il les previendroit aisément, & reussiroit dans son dessein, ce qui n'a que trop paru par la surprise & la precipitation dont on a vsé dans la contumaçe qu'on a instruite contre ledit Soefve, lequel à la verité ne s'imaginoit pas que dans vne affaire purement civile en laquelle il s'agit de l'examen & de la discution d'vn compte, dont la Recepte & la despence se montent à prés de six millions de livres, Monsieur de Thou se fût dispenser de fournir de debats s'il en a à fournir, luy qui avoit poursuivy avec tant d'empressement la reddition de ce compte, & qui en est forclos il y a pres de deux ans, & que cependant il eût la faculté de poursuivre vn Incident de faux qui ne regarde simplement que quatorze articles de la dépense de ce compte, & qui ne devoit en bonne Iustice empescher l'examen des autres articles, non plus que la discution des indemnitez dudit Soefve, à l'égard des sommes pour lesquelles luy & sa femme ont mal-heureusement cautionné ledit sieur de Thou, lequel pour reconnoissance s'estant vanté partout qu'il le feroit pourrir dans vne Prison, il ne faut pas s'étonner s'il s'est absenté, voyant que les effets respondoient à ses menaces, ce qu'il n'auroit iamais fait si les choses n'eussent pas esté poussées avec tant de violence & d'injustice de la part de Monsieur de Thou, n'y ayant rien qui fasse plus d'horreur & de peine à vne personne d'honneur, qu'vne Prison quelque innocent qu'il soit, Soefve ayant témoigné à Monsieur Mittineau Rapporteur dés le commencement qu'il estoit inutile de Decretter contre luy, par ce qu'il offrois & ne demandoit pas mieux que de subir l'interrogatoire, & se representer à toutes assignations, qui est tout ce qu'on pouvoit souhaiter d'vn homme domicilié à Paris.

Monsieur de Thou a publié & publie partout, que Soefve avoit fait quantité d'obmissions de Recepte dans son compte, & que c'estoit autant de vols qu'il luy faisoit de son bien, & de qui avoit esté cause de sa ruine.

La Responce est prompte, parce qu'il est inouy que iusques à present on aye fait passer des obmissions de Recepte pour des vols, la raison est que quelque exact que puisse estre vn comptable, il n'est pas extraordinaire que par deffaut de memoire, il aye oublié d'écrire quelque fois ce qu'il a reçeu, mais comme les obmissions de Recepte & de dépense, non plus que les erreurs de calcul ne se couvrent jamais, ceux ausquels on rend compte sont tousiours recevables à demander les sommes dont les comptables ont obmis de faire Recepte, comme aussi des comptables à faire demande aux oyans compte, des sommes qu'ils ont obmis d'employer en dépence, & c'est pour cela mesme que la nouvelle Ordonnance à reservé les actions respectives des vns & des autres pour raison desdits obmissions, apres que les comptes auront esté clos & arrestez, & qu'elle en a abrogé les revisions qui se faisoient auparavant, ce qui est bien esloigné de la pretention de Monsieur de Thou, qui veut faire passer pour des crimes la chose du monde la plus innocente.

Il a mesme dit depuis peu à des personnes de qualité en parlant en general de ces pretenduës obmissions qu'il y en avoit vne de dix mil livres, de laquelle Soefve avoit donné son billet ou ses billets aux Fermiers de l'Abbaye de Samer, ladite somme estant des restes dûs à la succession de Monsieur le Prevost qui estoit Abbé de ladite Abbaye, & dont il n'avoit point fait de Recepte, ce qui est si faux que s'il le peut prouver, Soefve consent d'estre convaincu de toutes les autres choses qu'il luy impute.

Il est vray que depuis la mort de Monsieur le Prevost, Soefve a fait plusieurs voyages dans le Boulonnois, & entr'autre vn dernier qu'il fit au retour de celuy de Bourgogne en 1668, & le tout par l'ordre de Monsieur de Thou pour travailler à des recouvremens de deniers qui estoient dûs de reste audit deffunt sieur le Prevost, tant par les Fermiers particuliers, que par les censitaires des rentes deuës à ladite Abbaye, le revenu Temporel n'ayant esté administré que par vn Receveur comptable, & ce revenu consistant en quantité de petites Fermes, comme de Métairies, de Moulins, de Terres, de Prez, de Dixmes, & de cens & rentes Foncieres & Seigneurialles petites & grandes de toutes sortes de nature & de denrées, qu'il convenoit d'apprecier pour les convertir en argent. Pour cela il falloit vne appliquation toute particuliere, aller le plus souvent dans les lieux où ces cens & rentes estoient perceptibles, par ce qu'on sçait que la malice des debiteurs, & particulierement de ceux qui devoient plusieurs années (à cause que les Guerres les avoient empeschez de payer, le Domaine de cette Abbaye estant sur la Frontiere des ennemis) les portoit à demander qu'on leur fit voir les terres & heritages qui estoient tenus de ces cens & rentes; Soefve avoit donc à faire à sept ou 800 personnes qui ne payoient pas tous, tout ce qu'ils devoient, il leur donnoit neantmoins des quittances; & ne faisoit pas comme les autres Receveurs, qui la plus part se contentoient d'écrire sur le papier des cens & rentes ce qu'ils recevoient, il escrivoit aussi sur le sien ce qu'il recevoit, mais non pas peut estre avec cette exactitude qu'il auroit souhaittée, par ce qu'il estoit impossible dans la confusion & la multitude des gens a qui il avoit à faire, & la situation des lieux encor plus incommode; mais comme il se promettoit d'y retourner dans l'année suivante 1669, & faire vne recapitulation de son Registre avec les quittances qu'il avoit données aux particuliers, il esperoit pareillement y adjouster ce qu'il pouvoit y avoir obmis; mais il en est arrivé autrement, par ce qu'au retour de cette Province, qui fut comme il a esté dit sur la fin de Decembre 1668, Monsieur de Thou luy ayant fait la querelle dont a esté parlé en la page sixiéme qui fut suivy du procez qui dure encor aujourd'huy, & le fils aisné de Monsieur de Thou (qui avoit vescu avec Soefve dans la meilleure intelligence du monde depuis ce different, peut-estre, comme il a dit à plusieurs personnes, dans le dessein de tirer de luy toutes les lumieres qu'il pourroit touchant ses affaires, comme on fera voir cy-apres, en faisant connoistre les causes de cette grande indignation qui paroist aussi de sa part) estant allé luy-mesme sur les lieux sur la fin de ladite année 1669. tant pour recevoir comme il a fait partie des restes qui y estoient dûs à la succession de Monsieur le Prevost, quoy qu'ils apartinssent à ses Creanciers, & qu'il les leur eût abandonnez, que pour s'informer & faire perquisition des déportemens de Soefve en ce pays-là pendant les sejours qu'il y avoit faits en quoy il n'auroit pas trouvé son compte, il se seroit laissé aller aux flatteries de cent canailles, qui n'avoient pas sujet à la verité de se loüer dudit Soefve, parce qu'il les avoit tousjours serré de prés pour l'interest de cette maison, & entr'autres d'vn homme Paillard qui avoit esté Receveur comptable de cette Abbaye du temps de Monsieur le Prevost & depuis sa mort, jusques en l'année 1663. ou 1664. qu'on y mit vn Fermier à forfait. Ce Paillard donc qui n'avoit jamais rendu de compte en bon ordre de son administration, & qui par sa negligence, par son impericie, & pour d'autres interests dont il profitoit tout seul, ayant fait perdre plus de dix mil escus, soit à Monsieur le Prevost qui ne sçavoit point le secret des choses, parce que sa profession ne luy donnoit pas le temps de s'y appliquer, soit à ses Creanciers depuis son deceds, ayant trouvé le fils aisné de M. de Thou animé contre Soefve, voulut profiter de l'occasion. Soefve l'avoit fait assigner à la Requeste dudit sieur de Thou fils tant en son nom, par ce qu'il avoit esté Abbé de cette Abbaye aprés le deceds de M. le Prevost, que comme son legataire vniversel pour luy rendre compte de son administration, ce compte avoit premierement esté rendu à l'amiable, mais Soefve ayant fait connoistre à Monsieur de Thou l'obscurité affectée par Paillard pour se mettre à couvert de quantité de malversations, ainsi que du reproche du deffaut de diligences contre les debiteurs, Monsieur de Thou fils au prejudice de ce, Quoy qu'il n'eust aucun pouvoir d'agir, parce qu'il avoit dés le 12. Septembre 1669. fait vn abandonnement des biens de la succession de Monsieur le Prevost à ses creanciers, arresté le compte de Paillard, & si fort à son advantage que ce fut la condition avec laquelle il obligea Paillard & ses adherans de luy fournir des memoires contre Soefve. On a dit que Paillard pour sortir d'vne affaire aussi espineuse que celle de son compte, avoit donné deux cens Louys d'or audit sieur de Thou fils pour les frais de son voyage, mais comme Soefve n'est pas d'humeur à asseurer les choses qu'il ne sçait que par oüy dire, il s'en rapporte à ce qui en est. Paillard donc rentre en grace, on le remet en exercice, du moins on l'associe avec ses cousins pour faire la recepte de l'Abbaye, vn Miellet Notaire & Procureur du lieu que Soefve avoit fait travailler est de la cabale, & tout ensemble s'ils l'avoient pû auroient ruïné ledit Soefve de reputation, mais estant trop bien establie en ce pays là, & parmy de plus honnestes gens qu'eux, quelque effort qu'on aye fait pour y donner attainte, ils creurent que le plus grand service qu'ils pouvoient rendre audit sieur de Thou fils, estoit d'aller de costé & d'autre faire perquisition des quittances que Soefve avoit baillées aux particuliers debiteurs, & mesme d'en supposer quelques-vnes pour luy persuader qu'il n'avoit pas tenu compte fidelle de ce qu'il avoit reçeu, & comme il s'en est peut-estre rencontré quelques-vnes qui ont esté obmises, Soefve estant adverty de dessus les lieux qu'on en faisoit vne affaire d'estat ne perd point de temps, parce que le 7. Decembre de la mesme année 1669. il fit signifier à Monsieur de Thou que s'il se trouvoit des quittances de sommes qu'il eust reçeuës, & dont son compte ne fust point chargé en recepte, que luy representant ses quittances il offroit en augmenter la recepte de son compte.

Mais comment est-ce que Monsieur de Thou pourroit persuader que Soefve a fait des obmissions de recepte dans son compte, puisque jusques à present il n'a fourny d'aucuns debats contre iceluy, bien qu'il en soit comme a esté dit, forclos, il y a prés de deux ans, en verité cela est hors de raison, car on sçait que pour accuser vn comptable, ou d'omission de recepte, ou de faux, & doubles employs, il faut premierement que celuy à qui on rend le compte fournisse de debats, & que dans ces mesmes debats, il y articule les sommes desquelles il pretend que le comptable a obmis de faire recepte, qu'en suitte de ce le comptable fournisse de soustenemens contre ces debats & contre les faits d'obmission, ou qu'il en convienne, & finallement que les debats & soustenemens soient jugez. Iusques-là on ne peut convaincre vn comptable ny de malversation dans son administration, ny du fait d'obmission dans sa recepte, c'est vne maxime dont il n'y a personne qui puisse doubter, ainsi on ne peut n'y doit adjoûter foy à ces pretenduës obmissions qui ne sont publiées que pour donner de mauvaises impressions de la conduite dudit Soefve, & pour colorer celle de Monsieur de Thou lequel ayant tousiours esté le maistre de ses affaires & de son bien, a dû y tenir vn meilleur ordre qu'il n'a pas fait, s'estant tousiours flatté que la fortune qui veut estre recherchée & carressée le viendroit trouver dans son Cabinet quand il luy plairoit, car c'est à proprement parler ce qui est cause de la ruïne & du desordre de ses affaires.

Mais ce qui luy doit fermer la bouche & faire voir que ce sont pures imaginations que ces pretenduës obmissions de recepte, resulte d'vne observation qui est à faire sur la maniere avec laquelle Monsieur de Thou s'est conduit pour avoir vne surceance du Conseil contre ses creanciers, & pour cela il faut reprendre les choses qu'on n'a cy devant touchées que legerement.

Soefve a fait observer qu'au mois de Iuillet de l'année 1668. Monsieur de Thou l'envoya en Bourgongne, c'estoit pour solliciter auprés des eleus de la Province, qui est comme on sçait vn pays d'Estats, le remboursement de la Finance de certains Offices qui sont de la succession de

Madame

Madame de Thou, cette affaire estoit importante à Monsieur de Thou, & il en esperoit vn grand secours dans l'estat auquel estoient lors ses affaires, puis qu'il y alloit de recevoir six vingts tant de mil livres, qui restoient de sept vingts, à quoy se montoit la Finance de ces Offices, Monsieur de Thou en ayant reçeu quelque temps auparavant vne partie. Il ne l'avoit pas dit à ses creanciers, mais bien que dans peu il leur donneroit de l'argent, & en effet il croyoit avoir disposé l'affaire de telle maniere qu'il s'estoit flatté qu'elle ne pourroit pas manquer, mais comme il craignoit que ces mesmes creanciers venans à avoir le vent de cette affaire, ils ne la traversassent par des saisies ou autrement, parce qu'à la verité c'estoit leur interest que ce fonds ne fust point consommé & dissipé en autre chose qu'à leur payement, Monsieur de Thou fit vn Contract de vente de ce qui restoit du fonds de ces Offices, qui estoit de six vingts trois mil livres avec les gages y attribués à vn particulier, qui pourtant luy en bailla à l'instant sa declaration comme il n'y pretendoit rien, & ce fut Monsieur Ferrand President à la Chambre des Comptes de Dijon, qui proposa cét expedient & cette precaution à Monsieur de Thou, & qui avoit avec luy, ou qui croyoit avoir asseuré ce remboursement avec vn des Tresoriers Receveur desdits Estats. Soefve qui n'avoit eû aucune part en tout cela, & duquel on s'estoit caché, peut-estre parce qu'il estoit suspect au pere, à cause du fils aisné qui avoit le plus sensible interest que ce remboursement ne se fist pas, en fût neantmoins adverty par Monsieur de Thou sans doute parce qu'il craignoit se faire plus de mal en le luy taisant, il luy en fit donc confidence, avec priere de n'en point parler au fils & pour l'obliger d'avantage au secret, il luy dit qu'il avoit fait choix de luy pour aller en Bourgongne, & qu'il falloit qu'il partist incessamment en Poste afin d'y estre aussi-tost que le Tresorier Receveur des Estats, qui estoit party il y avoit quelques jours.

Soefve s'étant rendu à Dijon, & ayant exposé aux Esleus de la Province sa Commission avec le Contrat & la Procuration de ce Particulier à qui ces Offices paroissoient appartenir pour recevoir ce remboursement, ils luy dirent, qu'il n'avoit pas esté au pouvoir de Monsieur de Thou de les vendre parce que c'estoit le bien de ses Enfans, ils disoient vray, & pour lors il fallut changer de batterie & leur faire voir par la declaration de ce Particulier que ce Contrat n'étoit qu'vne fiction; mais soit que ces Esleus qui sont tous gens integres & de qualité en soubçonnassent les causes, soit que Monsieur de Thou eût manqué a leur égard, à certaines civilitez, dont il a tousiours esté extremement avare, ils dirent à Soefve qu'il n'estoit non plus au pouvoir de Monsieur de Thou de recevoir ce remboursement, sans avoir prealablement vn advis de Parens de ses Enfans. Cette difficulté ayant esté levée par vn Arrest que Soefve sollicita & obtint au Parlement de Dijon, qui iugea que la qualité qu'avoit Monsieur de Thou de Pere & Tuteur de ses enfans le rendoit capable de recevoir ce remboursement toutesfois & quantes que les Esleus de la Province le voudroient faire, ces mesmes Esleus dirent alors qu'ils n'avoient pas de fonds pour cela, Monsieur de Thou eût recours aux recommandations envers eux, il employa pour cét effet le credit de Monsieur l'Intendant, il leur en fit écrire par Monsieur le Prince, Monsieur Colbert se donna aussi cette peine, mais tout cela ne produisoit rien, parce que les Esleus adjoûterent à cette premiere raison par eux alleguée qu'ils n'avoient point de fonds, que quand ils en auroient, il estoit prealable de faire lever des saisies & Arrests que quelques Creanciers de Monsieur de Thou, & entr'autres Messieurs Despaisses & de la Margrie avoient fait faire entre les mains de leurs Tresoriers & Procureur Scindicq, dont Soefve ayant rendu compte à Monsieur de Thou, il commença tout de bon à croire que c'estoit luy, qui de concert avec son fils aisné, & par l'avis de Monsieur de Pontcarré Conseiller en la Cour son Parent & amy avoit mandié & fait faire ces saisies, pour empescher que le Pere ne disposast des deniers qui devoient proceder de ce remboursement. De sorte que ce secours manqué luy fit penser & prendre resolution de demander au Roy vne surceance contre ses Creanciers, dont il s'ouvrit à Soefve par vne Lettre qu'il luy écrivit. Tout ce que dessus est-il vray ? Monsieur de Thou, n'y pouvant donner aucun contredit, & voyant que c'estoit vne conviction entiere contre luy du sujet de son indignation contre Soefve qu'il a pretextée d'autre cause, Quand ses Lettres Missives luy ont esté presentées par Monsieur Charpentier Conseiller Commis pour la reconnoissance d'icelles, a d'abord dit qu'il ne pouvoit les reconnoistre, quoy que toutes écrittes de sa main, qu'il n'eût pris conseil, ce qui a donné lieu à vne Sentence du Iuin 1670, qui ordonna que dans il seroit tenu de les reconnoistre, sinon qu'elles seroient tenuës pour reconneuës, mais comme le dessein de Monsieur de Thou n'est pas de reconnoistre la verité quand elle luy fait prejudice, il s'est bien donné de garde de le faire, en sorte que suivant la reigle elles sont demeurées pour reconnuës, & les voicy qui suivent.

*De Vanves ce Mardy au soir 22. May 1668.*

» I'Ay reçeu vos deux Lettres & ne m'arresteray qu'à la derniere, laquelle j'ay communiquée » en partie à Monsieur Ferrand qui m'est venu voir cette apresdinée, & lequel est Parent de

„ ce Monsieur Gaigne qui veut traitter (il veut parler de ces Offices) mais il n'approuve en aucune façon cette excessive remise qu'il demande & qu'il qualifie d'vsure, mais ie luy ay representé que ny luy ny moy n'estions pas les directeurs de la conscience dudit sieur Gaigne, & qu'il falloit voir ce qui se pouvoir faire, & ie luy ay dit que ie vous manderois de l'aller trouver demain matin entre sept & huit, pour conferer & concerter avec luy ce qui seroit le plus expedient pour cette affaire, il a connoissance de la debte de Messieurs Bignon, Villevault, Ferrand, Bergeret, de Harlay, Villacerf, du Puy & Genoud, & ie luy ay dit seulement que nous estions extrémement pressez par vne cabale & conspiration, dont ie croyois avoir découvert vne partie de la source qui va à empescher quelque affaire de consequence pour ma famille, & de laquelle on ne se peut douter que par soupçon & défiance, ce qui est veritable, & qu'il m'importoit d'avoir quelque somme considerable pour appaiser ce torrent, ce que nous ne pouvions mieux faire que par l'affaire dont il s'agit (c'estoit l'affaire du remboursement de la Finance de ces Offices) & dans laquelle il nous peut servir, & par le credit qu'il a en Bourgongne, & par vne passion extréme qu'il a pour nostre maison, c'est pourquoy il faut concerter l'affaire avec luy & n'y point perdre de temps. C'est, de THOV, Paraphé, *ne varietur*, suivant nostre Procez Verbal de ce jourd'huy vingt-cinquiéme jour de Iuin 1670. Signé, Charpentier.

## *De Paris ce Dimanche* 15. *Iuillet* 1668.

„ IE viens de recevoir des Lettres de Bourgongne, lesquelles m'obligent à vous y envoyer en diligence, disposez donc vos affaires pour cela, & ne manqués de vous rendre icy le plûtost qu'il se pourra (Soefve estoit en sa maison de Ris auprés de sa femme qui estoit malade) puis que le temps est cher, par les parolles & promesses que l'on a données, & ausquelles il faut satisfaire au mieux qu'il sera possible. Ie suis, Vostre tres-affectionné, de THOV. Paraphé, *ne varietur*, suivant nostre Procez Verbal de ce jourd'huy vingt-cinquiéme Iuin 1670. Signé, Charpentier.

## *De Paris ce* 31. *Iuillet* 1668.

„ I'Ay receu vos deux Lettres du 25. & 28. du courant, l'estat de vostre femme estoit vne plus que suffisante raison pour retarder de quelque jour vostre partement. I'écris à Monsieur Michel & le remercie des soins qu'il prend pour l'affaire, le prie de les continuer & luy marque que vous n'avés pas manqué de me bien informer de son zéle & de son affection. Monsieur Berthier (c'est le Tresorier Receveur des Estats de la Province) n'a pas raison de dire que l'on a infecté l'affaire, puis qu'il ne s'y est rien fait que par son advis, & apres les parolles positives & reiterées qu'il avoit données de la faire, ie pouvois en faire estat & la tenir pour asseurée & concluë, & dans vne affaire de cette qualité ie ne pouvois pas m'y conduire avec plus de prudence que de prendre advis de Monsieur le President Ferrand qui est nostre ancien & asseuré amy, & prendre les recommandations de Monsieur le President Perrault qui est tout-puissant dans la Province. Ie le vis encore hier & me monstra la Lettre que Monsieur Morlet luy avoit écritte en réponce de la sienne, où il marquoit quelqu'vne des difficultez des Advocats & se plaignoit de ce transport, lequel fut fait par l'advis dudit sieur Berthier & selon le mien tres à propos, puis que c'estoit vne precaution contre des saisies impreveuës, mais comme l'on en est maistre par les papiers que vous en avés, ie ne vois pas que cela doive empescher l'affaire. Pour les saisies, il faut ou avoir vne main-levée, ou laisser entre les mains du Tresorier jusques à la concurrence de ces saisies, & le surplus se peut payer tres seurement au Tuteur, & ce n'est pas vne question, & l'arrest que vous leur avez cité estoit tres à propos estant la mesme espece fors que je suis en plus forts termes par la qualité de pere & de gardien noble. Pour cét advis de parens l'on a dressé les procurations, mais ie n'ay pas crû les devoir presenter encore trouvant si peu de secret & de fidelité parmy toutes sortes de gens, ayant quelque raison de croire que cette saisie du jeune la Margrie a esté faite sur quelques discours qu'il a ouys chés Monsieur de Pont-carré, *qui parle beaucoup & avec inclination à la médisance contre ses plus proches parens & meilleurs amis, & ces esprits sont dangereux*, & ie reconnois par tous ces incidens que le secret est l'ame de toutes les affaires, & que l'on ne peut le garder trop severement. Pour le jeune le Margrie il m'est venu voir, m'a fait des excuses, m'a promis vne main-levée pure & simple, & puis a manqué de parolle disant ne la pouvoir donner que du consentement de la grande mere de sa femme, dans la dépendance de qui il est entierement: Monsieur de Guibeville (c'est Monsieur Genoud Conseiller) le doit voir aujourd'huy, & luy proposer de la donner moyennant trois années dont il se contente des quatre qui luy sont deuës, j'en attends des nouvelles, mais au pis aller, il faut retenir les quatre années, enfin il faut faire ce qui se peut, vous avés les Pouvoirs & les Contracts dont ie puis

„ disposer, puis que ce sont des rentes ou avec Monsieur Berthier ou avec Monsieur Gaigne, „ ou Monsieur Maillard par Monsieur Tardi. Il faut de quelque façon que ce soit faire quelque „ argent, pour ne tomber pas dans l'inconvenient du manque de parolle & satisfaire les plus „ pressez. L'on n'est point obligé de traitter avec vne seule personne, mais ne faittes rien que „ par l'avis de Monsieur Ferrand auquel vous rendrez compte de toutes choses, puis qu'il fait „ son fait propre de cette affaire, & que c'est vne personne à toute épreuve, & qui a vne en- „ tiere & veritable affection pour les interests de ma maison, & de mon nom. Le Courrier de „ Dijon passera par sa maison, cela ne peut retarder en rien la diligence des Lettres. Ie salüe „ Mademoiselle Perdrisot, & suis, Vostre affectionné, &c. de THOV. Paraphé, *ne varietur*, „ suivant nostre Procez Verbal de ce jourd'huy 25. Iuin 1670. Signé, Charpentier.

## *De Paris ce Vendredy au soir 17. Aoust 1668.*

„ I'Ay reçeu vostre Lettre du dixiéme que vous avez écripte à Monsieur Ferrand, & qu'il m'a „ envoyé comme vous l'en priez, j'ay aussi reçeu vos Lettres dés 12. & 15 du courant, par les- „ quelles j'apprends les difficultez qui surviennent dans l'affaire en question, dont ie ne m'é- „ tonne plus apres que j'ay découvert les personnes qui ont donné advis à Monsieur de la „ Margrie & à Monsieur Despaisses de faire les saisie qui la gaste, il n'y a point de prudence „ & d'habilité qui soit à l'espreuve des trahisons de cette qualité, (*il commença dés ce moment là* „ *d'en soupçonner Soefve.*) Pour Messieurs les Esleus, ie ne puis croire qu'ils soient si mal in- „ tentionnez que vous me le mandés, & comme ie ne les connois point particulierement, ie „ m'en suis remis à Monsieur Ferrand & à Monsieur Berthier, avec lequel on n'a pas manqué „ de vouloir faire l'affaire estant à Paris, & de l'en presser, & vous ne devez pas vous tant glo- „ rifier de vos advis, puis que les mesmes choses ont esté proposées qui estoient les plus seu- „ res. Mais Monsieur Berthier ne le peust ou ne le voulust pas, & remit l'affaire à son arrivée à „ Dijon, ou depuis il parust refroidy devant que vous fussiez arrivé: je ne sçay pas qui y a con- „ tribué, mais qui que ce soit, c'est vn tres grand desservice que l'on m'a rendu. Pour vostre „ retour, comme ie pense que cét Arrest doit estre rendu, vous pourrés vous en revenir, pour- „ ce que ie vois que vous en avez grande envie, & que ie m'apperçois par toutes vos Lettres „ que vous n'avez pas d'affection pour cette affaire, & que mesme vous y trouvés des difficul- „ tés dont les gens peut-estre ne s'apperçoivent pas & ny pensent point. (*Confirmation qu'il ne* „ *doutoit plus que ce ne fut Soefve, qui pour obliger son fils faisoit tout ce qu'il pouvoit pour empescher* „ *que l'affaire se fist, qui est vn des sujets de son indignation contre luy.*) Mais dans les affaires il „ faut faire ce que l'on peut & non pas ce que l'on veut, & revenant vous remettrés entre les „ mains de Monsieur Michel (c'est le Commis de la Poste de Dijon qui appartient à Mon- „ sieur le President Ferrand) tous les Papiers de cette affaire, c'est à dire les Contracts & les „ trois Actes qui concernent le sieur de Gas, (c'estoit celuy à qui il avoit transporté ces Of- „ fices) & ma procuration estant vne personne seure, & en qui on se peut confier, pour à „ vostre retor voir ce qui sera plus expedient à faire, & passés chés Monsieur Ferrand pour „ luy dire ce qui s'est passé de plus particulier dans cette affaire, parce que de bouche l'on peut „ dire plusieurs choses qui ne s'écrivent pas. Ie suis, Vostre, &c. de THOV. Paraphé, „ *ne varietur*, suivant nostre Procez Verbal de ce jourd'huy dix-neufiéme jour de Iuin 1670. „ Signé, Charpentier.

## *Du Bois Thibault, ce 15. Septembre 1668.*

„ LE bon estat ou mes affaires ont esté mises de tous costez m'a obligé de sortir de Paris, „ apres que Monsieur le Nouveau Prevost des Marchands a esté estably au Bureau des In- „ des, & apres que i'eus écrit a Chantilly à Monsieur le Prince pour obtenir les Lettres de „ recommandation pour Messieurs les Esleus en general, & pour Monsieur Berthier en particu- „ culier, que Duchesne me mande avoir receuës & vous avoir envoyées suivant l'ordre que ie luy „ en avois donné, apres lesquelles vous avez bien fait de prendre le party de revenir, puis que „ par les incidents survenus en cette affaire, elle a receu du retardement que l'on ne devoit pas „ ce semble attendre, mais c'est le destin des affaires, & l'on verra si ces Creanciers ne „ pourront pas estre capables de donner du temps, & de faciliter les affaires de leur debiteur „ qui les veut satisfaire de quelque façon que ce soit, & qui n'oublie aucun moyen honneste „ & legitime pour y parvenir, & par vente & par retranchement de despence comme l'on a com- „ mencé depuis quelque temps, & que l'on eust fait plustost si plustost l'on eust esté advertty & „ & instruit à fond, & non pas superficiellement du mauvais estat des affaires (*il n'en estoit que* „ *trop adverty, Soefue à vingt lettres de luy escrittes en differends temps anterieure à celle-cy qui le font* „ *assez connoistre.*) Pour vn subrogé Tuteur, advis de Parens & Arrest du Parlement de Paris, „ ie n'y ay pas encore pensé, pour ce que ie ne l'ay point crû necessaire, & que ie serois de-

demeuré d'accord d'avoir mal receu les premiers deniers du remboursement & avoir fait tort à l'Arrest du Parlement de Dijon qui est l'entiere seureté des Messieurs les Esleus, estant contradictoire avec eux, & estant ridicule d'avancer que ie l'ay obtenu par faveur, puis que i'estois absent & que ie n'en avois pas escrit encore à Monsieur le Premier President, m'estant bien donné de garde de faire recommander l'affaire au Parlement, n'y par Monsieur le Prince, n'y par Monsieur Colbert, & c'est en ce cas que l'on pourroit dire que i'aurois eu l'Arrest par faveur, & la faveur que i'ay euë, qui est vne Iustice, est l'expedition que ie dois à mon nom, à ma personne, à la Iustice de l'affaire, & aux amis de Monsieur Ferrand, & aux miens. Pour de secondes Lettres de Monsieur Colbert, ie pense qu'il ne me les refusera pas s'il en est besoin non plus que Monsieur le Prince, lequel quoy que dans les douleurs de la goutte n'a pas laissé de me les envoyer avec vne bonté toute particuliere, qui doit faire connoistre à Messieurs de Bourgongne qu'il me fait l'honneur de m'avoir en quelque consideration. Pour ce que vous me mandez que Messieurs les Esleus ne recherchent tant de seureté que par pretexte, pour cacher leur mauvaise volonté, & que le vray sujet de cette mauvaise volonté, est qu'on leur a caché l'affaire à Paris, ie ne voy pas qu'ils ayent en cela aucun fondement de plainte contre moy, puis que dans toutes sortes d'affaires generallement & de plus grande consequence que celle-cy qui m'ont passé par les mains; I'ay tousiours reconnû que le Secret en estoit l'ame, & que sans iceluy elles ne pouvoient reussir. I'ay sollicité Messieurs les Esleus à Paris, leur ay rendu visite, & les ay priez de faciliter l'affaire de mon remboursement en general sans les aller entretenir du particulier de mes affaires que l'on ne confie qu'à ses amis, & dont on ne va pas entretenir des Estrangers, & outre cela ie leur ay fait recommander l'affaire par Monsieur le President Perraut; & par Monsieur le President Ferrand, qui est tout ce que la prudence me pouvoit suggerer en ce temps-là, & en suitte comme il est survenu des difficultez, qui peuvent avoir esté suscitées où par la nature de l'affaire, ou par des personnes mal intentionnées que l'on ne connoist pas, i'ay eu recours à de plus grandes puissances qui m'ont accordé les choses ce me semble d'assez bonne grace: De sorte que ie ne puis me rien reprocher d'avoir manqué à la moindre circonstance dans la conduitte de cette affaire qu'il faut pousser iusques au bout pour voir ce que l'on en pourra obtenir: *Et ce ne sera qu'à l'extremité que l'on aura recours à la Cour, pour avoir des surceances comme plusieurs personnes de qualité en ont euës, & lesquelles n'en ont pas esté moins estimées, quand ils ont fait voir que ce n'estoit pas pour en abuser n'y vser d'aucune fraude ou mauvaise foy qui n'entreront iamais dans mon esprit, mais pour satisfaire plus promptement mes Creanciers.* Ie suis vostre &c. de THOV.

Paraphé *ne varietur*, suivant nostre procez Verbal de ce jourd'huy vingt-cinquiesme iour de Iuin 1670. Signé, Charpentier.

Il est aisé de juger par la lecture de ces Lettres Missives que Monsieur de Thou imputoit le manquement de l'affaire de ce remboursement, à l'interest que Soefve prenoit dans celles de son fils aisné, quoy qu'il ne l'en accusast pas ouvertement comme il a fait depuis, & dans le temps qu'il luy fit la querelle, qui a esté la source de tout leurs demeslez. Cependant il se voyoit pressé par ses creanciers, ausquels ne sçachant plus que dire apres les esperances qu'il leur avoit données, qu'il les payeroit incessamment, esperances fondées, sur celle qu'il avoit que ce remboursement ne luy pouvoit manquer: C'est ce qui luy fit prendre resolution de sortir de Paris & de s'en aller au Bois-Tibault, qui est vne terre qui appartient à Madame sa seconde femme dans le bas Mayne, d'où il écrivit à Soefve les deux dernieres Lettres cy-dessus, avec la suivante.

*Du Bois Thibault, ce 26. Septembre 1668.*

I'Ay receu en ce lieu vostre Lettre du 21. de Paris & vne du 15. de Dijon, ie vous ay écrit amplement par ma precedente, & vous ay renvoyé les pieces de l'affaire de Dijon, & dans la crainte que la Lettre ne vous y trouvast pas, j'adresseray le Paquet à Monsieur Ferrand, lequel par sa derniere du 17. que i'ay receuë, me mandoit que vous y avés passé la veille au soir, de sorte qu'il faut qu'il vous soit arrivé quelque accident de n'estre arrivé à Paris que le 21. comme vous me le mandez par cette Lettre du 21. cy-dessus accusée, ie trouve à propos que vous alliez au plustost à Samer, pour les raisons que vous m'avez écrites par deux de vos Lettres & que ie trouve bonnes, mais il faut n'y estre que tres peu de temps, afin de pouvoir retourner au plustost à Dijon, pour voir s'il y a lieu à terminer cette affaire, pour laquelle vous avez tant pris de peine (*depuis le retour de Soefve, Monsieur Ferrand l'avoit asseuré que Soefve pendant son sejour à Dijon avoit fait humainement tout ce qui se pouvoit pour faire reüssir l'affaire, ce qui luy fit concevoir le dessein de l'y renvoyer*) & cependant advertir nos creanciers des diligences que l'on fait, & nous donner du temps jusques apres la saint Martin, qui est le temps ordinaire des payemens & preparer les choses pour cela.

Pour la Lettre de Monsieur de Harlay que ie trouvay dans le Paquet de Duchesne, ie l'ay

ouverte

,, ouverte ( *Soefve s'estoit donné l'honneur d'écrire de Dijon à Monsieur de Harlay que l'affaire du rem-*
,, *boursement sur laquelle Monsieur de Thou avoit aussi assigné son payement n'estoit point encore fait,* )
,, pour voir s'il y avoit lieu de luy écrire quelque chose, & ne l'ayant pas trouvé à mon gré, ie
,, n'ay pas jugé à propos de la luy envoyer, mais comme vous avés confidence avec luy, il
,, faut que vous le rendiez capable de concourir à nous faire avoir main-levée de ces deux
,, dernieres saisies où il peut avoir credit aupres des saisissans, & il y a interest, puis que vous
,, sçavez l'intention que j'ay pour l'employ des sommes de cette partie. Ie suis, Vostre, &c.
,, de THOV. Paraphé, *ne Varietur*, suivant nostre Procez Verbal de ce iourd'huy 25. Iuin 1670.
,, Signé, Charpentier.

Soefve qui n'a iamais manqué de feu quand il a esté question du service de Monsieur de Thou, qui avoit esté trois mois absent, qui avoit quitté sa famille & toutes ses affaires Domestiques pour se donner entierement à celle de Dijon, n'en fut pas plustost arrivé, qu'animé du mesme zele, il repart pour s'en aller dans la Province du Boulonnois à l'Abbaye de Samer, où il fut iusques à la fin de Decembre de l'année 1668, qu'il s'en revint à Paris apres avoir travaillé à ce recouvrement de debets, dont a esté cy-devant parlé, qui fut neantmoins vn tres petit secours pour l'estat auquel estoient les affaires dudit sieur de Thou, devenu encor pire par l'éclat que fit l'émancipation de son fils aisné, par ce que les Creanciers de cette Maison n'en douterent plus, puis qu'vn fils de la qualité de celuy cy qui avoit encor son pere, vouloit iouïr de son bien auparavant l'âge.

Ce fut la raison pour laquelle aussi Monsieur de Thou presenta dans ce temps-là son placet au Roy pour avoir surceance contre ses Creanciers, fondée seulement sur les grandes despenses qu'il avoit faites dans son Ambassade pour en soustenir le Caractere & la dignité, il ne dit pas lors que le mauvais estat de ses affaires, venoit de la mauvaise administration de Soefve, il n'avoit garde de le dire, parce que cela n'étoit pas, & puis on ne l'auroit pas crû, par ce qu'il estoit encores dans le service actuel.

Le Roy qui sçavoit que Monsieur de Thou avoit esté ponctuellement payé de ses appointemens luy refuse la surseance, Monsieur de Thou desesperé de n'avoir pas eu assez de credit pour l'obtenir, sçachant que la mesme grace avoit esté accordée à tant de personnes qu'il croyoit n'avoir pas plus de service & de qualité que luy, & s'estant promis pour cette raison de l'obtenir d'emblée, ainsi qu'il l'avoit mandé à Soefve lors qu'il estoit en Bourgongne pour son service, par la Lettre du quinziéme Septembre 1668. cy devant écrite page 23. prend conseil de ce qu'il avoit à faire pour arrester les poursuittes violentes de ses creanciers, & comme il y a de bons & mauvais Anges, il y a aussi de bons & mauvais Conseillers; Pour le malheur de Soefve, il n'avoit pas trouvé le secret de plaire à Me le Verrier Advocat, & gendre de feu Maistre Iean Martinet aussi Advocat, la raison est qu'il avoit pris le party d'vn Gentil-homme, contre la persecution que ledit sieur le Verrier & toute la famille dudit deffunt sieur Martinet depuis son decez luy faisoit souffrir par des sentimens de vengeance dont Soefve veut bien taire la cause, par la raison du respect qu'il a & qu'il conservera toute sa vie pour la memoire dudit deffunt sieur Martinet, dans l'estime duquel il avoit l'honneur d'estre, & auquel mesme il avoit rendu quelques services considerables, dont la Damoiselle sa Veufve qui est encore vivante rendroit (s'il estoit besoin) autant de témoignages qu'elle en a donné de la douleur qu'elle avoit du procedé dudit sieur le Verrier à l'égard de Soefve. Maistre le Verrier voulant donc se venger de Soefve, & le persecuter aussi bien que ce Gentil-homme, conseille à Monsieur de Thou, de crier hautement contre sa conduite, de publier de luy tout ce qui n'estoit pas, & de taire tout ce qui le pouvoit justifier; & pour parvenir à ce dessein luy persuade qu'il le faut congedier de son service, & qu'estant dehors on donneroit vn second Placet au Roy, dans lequel on adjousteroit qu'outre la dépence extraordinaire que M. de Thou avoit fait en Hollande, Soefve qui avoit eu l'administration de ses affaires y avoit mal versé, qu'il avoit abusé de ses pouvoirs, qu'il s'estoit enrichy à ses dépens, & qu'il ne pouvoit luy faire rendre de compte & que pour tirer advantage du desordre de ses affaires, il avoit esté de porte en porte chez ses creanciers, & leur avoit écrit des billets pour les inciter à le poursuivre (cõme ils faisoient) par les saisies generalles qu'ils avoient faittes de ses biens, l'expedient estoit admirable & specieux, Soefve ne fut pas plustost arrivé du Boulonnois, qui fut sur la fin de Decembre 1663. que Monsieur de Thou luy fit la querelle dont a esté parlé en la page sixiéme.

On prevoyoit que Monsieur de Harlay seroit surpris de ce procedé si on ne le prevenoit pas, parce que Monsieur de Thou sçavoit bien, & Soefve l'en avoit adverty, qu'en quantité de rencontres, il luy avoit fait l'honneur de luy dire ses sentimens sur la despense excessive qu'il faisoit, aussi bien que sur le mauvais estat des affaires de sa maison, à quoy il s'interessoit d'autant plus qu'outre qu'il estoit son parent & son amy, il estoit aussi son Creancier de deux parties considerables. On craignoit aussi que Monsieur de Harlay n'eût peine à croire tout ce que Monsieur de Thou publioit & faisoit publier de la conduite de Soefve, apres luy en avoir tant de fois dit du bien, & la connoissance qu'il avoit de tant de services qu'il avoit rendus à cette maison, & de la confiance qu'il avoit tousiours eue en luy, & ce qui confirmoit Monsieur de

Thou dans cette crainte, est qu'il croyoit estre persuadé qu'il y avoit vne grande confidence entre Monsieur de Harlay & ledit Soefve. Cela est-il vray ? il ne faut que relire vn endroit de la Lettre du 26. Septembre 1668. escrite par Monsieur de Thou à Soefve inserée en la page 24 qui marque deux choses ; l'vne que Monsieur de Thou s'accuse d'avoir supprimé vne Lettre que Soefve s'estoit donné l'honneur d'écrire de Dijon à Monsieur de Harlay pour s'excuser envers luy de ce qu'il n'avoit encore pû luy envoyer de l'argent, par ce que l'affaire de ce remboursement qu'il sollicitoit en Bourgongne, sur lequel Monsieur de Thou l'avoit assigné recevoit quelques difficultez ( dont il avoit trouvé à redire qu'il l'informast par cette Lettre supprimée ) & l'autre que Monsieur de Thou, dans la pensée de cette grande confidence de Soefve avec Monsieur de Harlay, dont il semble qu'il avoit quelque ombrage, il le charge de le rendre capable de concourir à luy faire donner main levée de ces saisies qui avoient esté faites sur ce remboursement. Il falloit donc destruire tous les bons sentimens que Monsieur de Harlay pouvoit avoir dudit Soefve, afin de l'avoir contre luy au besoin, comme il paroistra qu'il a esté dans la suitte. Pour cela que fait-on ? Monsieur de Thou par vne exaggeration de faits supposez aussi iniurieuse à Soefve qu'elle est indigne d'vne personne de sa qualité, n'épargne rien de tout ce qui pouvoit faire reüssir son dessein envers Monsieur de Harlay, & pour l'interesser & animer encore davantage contre luy, il l'asseure que c'est luy qui estoit cause qu'il n'avoit pas esté payé, comme il luy avoit promis, & qui d'intelligence avec son fils aisné qui ne vouloit pas aussi qu'il le fust de ce remboursement, avoit suscité & mandié lesdites saisies pour empescher qu'il ne fust fait.

Soefve avoit tous les sujets du monde de croire que ce fils aisné n'avoit aucune part en tout cela, puis que c'estoit de luy, & vn moment aprés cette querelle, qu'il aprit tout ce qui s'estoit passé à ce sujet & à l'occasion de son émancipation dans les conferences qui s'estoient tenuës quelques jours devant en la maison de Madame de Beaumont, & mesme que Monsieur de Harlay luy faisoit froid, parce qu'il avoit refusé de prendre de sa main vn homme d'affaires qui avoit esté à luy, & qu'il luy avoit dit qu'il feroit bien ses affaires luy mesme si on ne vouloit pas qu'il se servist dudit Soefve, qu'il asseura de plus que dans la verité c'estoit cette émancipation qui tenoit le plus au cœur de Monsieur de Thou, qui n'y avoit consenty que parce que c'estoit vne necessité, & que c'estoit Madame de Thou sa seconde femme qui l'avoit porté à toutes ces extremitez ; Monsieur le Verrier qui avoit affecté d'estre son Curateur, avoit pareillement sujet de témoigner qu'il estoit dans ses interests, aussi dans plusieurs conferences qu'il y eust entre le fils & M. le Verrier au sujet de ses affaires, dont apparemment il n'y avoit que Soefve qui avoit connoissance, on luy faisoit l'honneur de l'y appeller, mais il s'appercevoit bien que M. le Verrier avoit quelque peine de ne pouvoir servir ce fils sans prendre de ses instructions, tout cela faisoit aussi ombrage à Monsieur de Thou qui ne souffroit qu'avec peine que son fils eust le moindre commerce avec luy, Soefve en avoit aussi vn peu de ce qu'il y avoit quelque temps qu'il n'avoit vû ledit sieur de Thou fils, & qu'il ne luy avoit écrit, il luy en tômoigna mesme quelque impatience, & voicy ce que ledit sieur de Thou fils luy écrivit, car tout cela se suit, & sert à Soefve pour montrer sa perfidie.

### *Lettre de Monsieur de Thou le fils, écritte à Soefve le 22. Février 1669.*

,, IE ne sçay quel est le bruit du monde à l'égard de ce que vous me mandez, ie sçay seule-
,, ment que Monsieur & Madame de Thou croyent que ie suis si bien avec vous que sur ce
,, seul fondement ils me font tous les jours mille pieces & milles affaires, & depuis trois jours
,, ils me l'ont encore tres-bien fait connoistre m'ayant empesché de terminer l'affaire de Del-
,, campe, laquelle estant indecise arreste toutes les autres : Cependant ils ne l'ont fait que par
,, ce qu'ils pretendent que c'est vous qui me l'avez suggerée, & à l'heure qu'il est ils ont autant
,, de défiance de toutes les personnes que ie vois vn peu familierement que de vous mesme :
,, Monsieur le Verrier mesme n'en est pas exempt, parce qu'il a pris la connoissance de cette af-
,, faire, & qu'il a dit qu'il estoit obligé de le faire estant mon Curateur, s'il y trouvoit de l'a-
,, vantage pour moy aprés l'avoir consultée, à cela mon pere a répondu que quelque avantage
,, qu'il y eust pour moy, il ne vouloit point absolument que l'on prist des Lettres de récision
,, contre la transaction, parce que cela alloit contre son honneur, & qu'enfin cela retombe-
,, roit sur luy, & de plus que si l'on entreprenoit l'affaire qu'il se joindroit avec Monsieur
,, Delcampe, & qu'il luy fourniroit tous les papiers dont il auroit besoin : Cependant *il a fait*
,, *le diable* pour avoir tous les papiers dont on luy a donné des Coppies, disant qu'il les vou-
,, loit voir, & qu'il sçauroit mieux tout ce qu'il y auroit à faire que tous les Advocats ensem-
,, ble, j'attends à present deux ou trois jours pour luy donner le temps de voir les papiers, ie
,, luy ay mesme dit que s'il vouloit il pourroit estre present à la consultation. Apres toutes les
,, mesures gardées ie feray consulter l'affaire & executeray ce que l'on me conseillera, ie serois
,, bien aise que vous m'envoyassiez deux vieux estats, l'vn des debtes de Monsieur le Prevost &
,, l'autre des effets restez apres sa mort, & vn autre estat de ce à quoy pouvoient monter les

„ quatre Quints des propres appartenants à Edoüard, ils ont esté faits à ce qu'il me semble „ au temps de l'inventaire, & sont escrits d'vne autre main que de la vostre, ie vous les demande „ de parce que ie ne les ay point trouvez dans ce porte feuille la seconde fois que vous me „ l'avez renvoyé, & que j'aymerois mieux les donner à mon pere que ce dernier que vous avez „ fait, lequel est plus expliqué, estant asseuré qu'il gloseroit encore dessus comme il a fait sur „ tous les autres: cependant ne luy parlez point, ny escrivez de tout ce que je vous mande. Du „ surplus si vous avez quelque chose à me dire, vous pouvez venir dans ma chambre sans fa- „ çon, parce que cela m'embarasse tres peu, de plus ils ne me sçauroient rien dire de nouveau, „ de THOV.

Dans l'entre-temps de la querelle que Monsieur de Thou fit à Soefve, & du commerce que Soefve avoit avec ledit sieur de Thou fils (qui dura jusques bien avant dans le mois d'Avril 1669. & qui cessa pour ce que Soefve luy avoit refusé son ministere auprés d'vne Dame qu'il ne haïssoit pas lors, & à laquelle il rendoit quelques visites, quoy qu'il aye dit qu'il n'avoit rompu avec luy, qu'à cause du refus qu'il luy avoit fait de l'instruire du détail des affaires de sa maison, & de luy mettre és mains les papiers de la succession de Monsieur le Prevost que ledit Soefve ne pouvoit luy bailler sans l'ordre du pere) le second Placet qui devoit estre presenté au Roy sous le nom de Monsieur de Thou, fut dressé en la forme qu'il avoit esté concerté, c'est à dire dans la derniere diffamation contre la conduitte de Soefve, & presenté au Roy, mais refusé vne seconde fois par ce qu'en fin le Roy, & son Conseil ne font rien qu'avec grande connoissance de cause: Monsieur Courtin Maistre des Requestes à qui il avoit esté donné par l'ordre de Sa Majesté pour luy en faire son rapport, y trouvoit de la difficulté, parce qu'on ne justifioit pas ce qu'on y avoit articulé: Monsieur de Thou revient à M. le Verrier, luy represente les difficultez, l'expedient qu'il luy donna fut aussi-tost suivy, qui estoit de faire assigner Soefve au Chastelet pour s'y voir condãner à rendre compte de son administration, cette assignation qui luy fut donnée le 16. Mars 1669. ne supposoit pas vn refus de rendre compte, il falloit quelque chose de plus convainquant, on surprit aux Requestes du Pallais, ou Soefve avoit fait renvoyer la cause, vne Sentence le 27. Avril ensuivant veille de Quasimodo que l'on n'entroit point au Pallais, par laquelle on fait condamner Soefve à rendre compte, l'on la fait expedier & on l'attache avec l'assignation à ce Placet, sur lequel le mesme jour 27. Avril, Monsieur de Thou obtient Arrest du Conseil d'Estat, par lequel le Roy luy donne vne surceance d'vn an pour faire ses affaires, pendant lequel temps Sa Majesté fait deffence à ses creanciers de le poursuivre, & luy donne main-levée de la moitié de ses revenus écheus & à écheoir.

Soefve ayant fait connoistre aux Requestes du Pallais que cette Sentence avoit esté surprise & qu'il n'avoit jamais refusé de rendre compte, que c'estoit vn pretexte que Monsieur de Thou avoit pris pour avoir cette surceance, il la fait rapporter contradictoirement avec M. le Verrier son Advocat, & neantmoins se fait condamner de son consentement à rendre compte, non pas comme Monsieur de Thou l'avoit obtenuë, parce qu'il avoit fait ordonner que le compte luy seroit rendu, tant en son nom que comme Tuteur de ses enfans, mais à luy seul de tout le bien qu'il avoit geré.

Ce fut le temps auquel M. le Verrier commença sa declamation contre Soefve, & qu'il fit connoistre ouvertement qu'il luy en vouloit, à la verité on peut dire que ce fut apres que Soefve luy eût fait dire qu'il s'étonnoit de ce qu'il portoit les choses à l'extremité entre M. de Thou & luy, & de ce qu'il luy avoit donné des Conseils de poursuivre des graces aux dépens de sa reputation, il est vray que sa conscience luy faisant peut-estre ce reproche, il s'en déchargea sur M. Boullie Bernard aussi Advocat son confrere, & dit que c'estoit luy qui avoit dressé le Placet qui avoit esté presenté au Roy, & la Requeste qui avoit esté presentée à M. le Lieutenant Civil, & qu'il n'auroit pas plaidé pour Monsieur de Thou contre Soefve si Monsieur le Procureur General ne luy avoit pas commandé; à l'égard des injures escrittes, que ce soit M. le Verrier ou son Confrere qui les ait escrittes; elles le sont vne fois, mais que Monsieur le Procureur General aye donné ordre de les plaider, cela n'entrera point dans l'esprit de Soefve, quelque obligation qu'il aye d'estre dans les interests de Monsieur de Thou, & quand on fera reflexion sur la chaleur avec laquelle M. le Verrier, a en ces rencontres mal parlé de la conduitte de Soefve, quand on considerera que c'est luy qui a donné à Monsieur de Thou le nommé Oudin, qui estoit Clerc de deffunt M. Martinet, & qui fait encores les affaires de la famille, Quand enfin l'on sçaura que Soefve a fait assigner M. le Verrier & sa femme comme heritiers de deffunt Monsieur Martinet, pour estre payé d'vne somme de deniers qu'il luy devoit, qu'il l'y a fait condamner, & qu'il en a esté payé en consequence, on jugera aisément que ce n'est point tant le zele qu'il a pour sa partie, & la consideration de Monsieur le Procureur General, qu'vn desir passionné de se vanger, dans la reputation qu'il a de ne iamais pardonner à qui que ce soit, ce qui a causé en luy vn tel aveuglement qu'il n'a pas fait mesme de difficulté de dire à quelques personnes de la famille dudit Soefve, qui l'ont vû & supplié de faire en sorte que les choses fussent traittées avec moins d'aigreur & d'animosité que Monsieur de Thou avoit grand interest de presser l'affaire, pour parvenir au dessein qu'il à d'avoir vne place dans le Conseil du Roy, laquelle il ne pourroit peut-estre pas obtenir, sinon en faisant voir que le desordre de ses affaires ne venoit point de sa part; mais de celle de son Intendant.

Il a esté desia cy-devant observé dans le fait deux ou trois circonstances qu'il est à propos de reprendre. La premiere qu'au mois de May de la mesme année 1669, Soefve presenta son compte par devant Monsieur Martineau commis pour cet effet, & qu'il en fit bailler coppie à Monsieur de Thou, en la mesme forme qu'il avoit esté dressé, c'est à dire dans la pensée & la volonté qu'il avoit tousiours euë de le rendre à l'amiable si Monsieur de Thou l'eût desiré auparavant que de le faire assigner pour le rendre en Iustice.

La seconde que Soefve estoit convenu de Monsieur d'Ormesson pour Arbitre, & avoit mesme passé Procuration à cét effet qui fut leuë en l'assemblée des Creanciers de Monsieur de Thou dont Monsieur d'Ormesson s'excusa sur ce qu'il estoit parent dudit sieur de Thou qui ne fut pas fasché de son excuse; jugeant bien qu'il n'auroit pas de luy tous les passe droits qu'il esperoit d'vn autre pour parvenir à ses intentions peu sinceres.

Et la troisiéme, Que ce fut la raison pour laquelle comme a esté desia dit, qu'au mois de Iuillet ensuivant Monsieur Genoud fit l'honneur à Soefve de le venir trouver de la part de Monsieur de Thou pour luy demander s'il vouloit bien donner son compte & ses pieces à Monsieur Nau Conseiller (qu'il avoit choisi dans le nombre de ses Creanciers comme le plus commodo à son dessein, que Soefve ne pouvoit pas prevoir) Monsieur Genoud agissoit de bonne foy, il croyoit ainsi que Soefve, que c'estoit pour le sortir d'affaires à l'amiable, il n'avoit pas de plus grande passion, il porte dés le lendemain son cõpte & ses pieces à M. Nau, il les luy laisse sans recepicé, M. Nau y travaille avec appliquation, les donne ensuitte de son mouvement à M. de Thou, lequel bien instruit non seulement par luy-mesme, parce qu'il y avoit 4. ou 5 mois qu'il avoit le double dudit compte, mais encore par M. Nau (qui travailloit autant pour cette maison, pour ne pas dire plus, que pour les Creanciers mesme) de l'exactitude & fidelité de ce compte, & persuadé qu'il n'estoit pas en son pouvoir de prouver tous les faits qu'il avoit debitez contre son honneur, & sa reputation dans ses Placets & autres écritures, qu'il passeroit (cela estant) pour vn calomniateur, & que ce grand reliqua de compte sur lequel il avoit assigné tous ses creanciers, & que Maistre le Verrier a publié dans le Pallais, & par tout devoit monter à plus d'vn million de livres, ne paroissoit point & ne pourroit paroistre, craignant d'ailleurs ledit sieur de Thou que ses creanciers ne se pourveussent par devers le Roy (comme il en estoit menacé) & ne fissent connoistre à Sa Majesté la surprise avec laquelle il en avoit vsé pour obtenir cette surceance, ce qui luy pourroit faire préjudice dans la poursuitte qu'il faisoit de cette place au Conseil, toutes ces raisons jointes ensemble l'obligerent de traitter avec ses creanciers, ausquels apres vn avis de parens pour ses enfans, & par celuy dudit sieur le Verrier Curateur de l'aisné, il leur abandonna generallement tous ses biens meubles & immeubles, presens & à venir, mesme sa Bibliotheque, s'estant seulement reservé quatre mil livres de pension annuelles, qui doit diminuer à mesure que les fonds se vendront.

De tout ce que dessus, resultent plusieurs observations qui vont toutes à la justification de Soefve.

La premiere est que si Monsieur de Thou eust esté persuadé de la mauvaise conduite de Soefve dans l'administration de son bien, & qu'effectivement il estoit la cause du desordre de ses affaires, il ne luy auroit pas donné avis (comme il fit) par cette Lettre du 15. Septembre 1668. cy-devant mentionné page 23., du dessein qu'il avoit de demander au Roy vne surceance contre ses creanciers, parce que quand on est en soupçon de la conduitte de quelqu'vn & particulierement d'vn domestique, on ne luy fait point de part de ses affaires les plus secrettes (comme estoit celle-là) & ainsi il est aisé de juger que le pretexte qu'il a pris pour l'obtenir est faux, & qu'il ne luy a esté suggeré que par vn conseil pernicieux.

La seconde observation qui est à faire, est que s'il eût esté vray que Soefve eût donné lieu au desordre des affaires de Monsieur de Thou, & qu'il eust malversé dans l'administration de ses biens: Monsieur de Thou se seroit bien gardé de faire vn abandonnement general de ses biens à ses creanciers, dans vn temps auquel ils ne pouvoient agir contre luy, puis que la surceance duroit encore, l'Arrest du Conseil d'Estat estant du 27. Avril 1669. & lors qu'il leur fit cét abandonnement, qui fut le 12. Septembre ensuivant, il avoit encore plus de sept mois à jouyr du benefice de cette surseance, & de la moitié de ses revenus écheus & à écheoir, pendant lesquels sept mois & plus s'il n'eust pas esté persuadé, que tant s'en faut que Soefve luy fut reliquataire, qu'au contraire, ce seroit luy qui luy devroit, il estoit en son pouvoir d'examiner son compte, de le debattre en tout, ou partie, de faire juger les debats s'il y en avoit eû, & de faire proceder au calcul d'iceluy, que si ce temps n'eust pas esté suffisant pour cela, il estoit facile à Monsieur de Thou, en faisant connoistre au Roy qu'il agissoit de bonne foy d'obtenir encore vne surceance de Sa Majesté, en luy representant que l'année n'avoit pas esté suffisante pour la discution entiere de ce compte.

Enfin vne derniere observation qui peut estre faite, est qu'on ne presumera point que Monsieur

sieur de Thou aye esté si mal conseillé & si peu avisé, que de faire vn abandonnement de ses biens à ses Creanciers dans vn temps auquel rien ne l'y obligeoit, puis qu'il iouïssoit paisiblement & sans aucun trouble de la moitié de ses revenus, s'il eût crû veritablement que Soefve luy estoit reliquataire de ces grandes sommes sur lesquelles il les avoit tous assignez auparavant cét abandonnement, car il n'y en a point qui ne dise que quand on luy demandoit, ou qu'on luy envoyoit demander de l'Argent, il respondoit qu'il faisoit rendre compte à Soefve, qui luy avoit volé, cinq, six & sept cens mil livres, qu'ils se donnassent patience, & cependant au lieu d'attendre l'evenement de ce compte qu'il pouvoit voir en quinze iours, s'il eust voulu traitter les choses à l'amiable, puisque mesme Soefve s'en estoit rapporté à Monsieur d'Ormesson son Parent, & depuis à Monsieur Nau, il fait vn abandonnement de ses bien à sesdits creanciers.

Mais comment se peut-il faire (dit on) que Soefve aye esté vingt-deux années de temps dans les affaires de Monsieur de Thou, sans avoir rendu aucun compte de son administration, & c'est aussi la plainte que fait Monsieur de Thou, en disant que par là on luy a osté la connoissance des affaires de sa maison, dont on ne l'a entretenu que superficiellement, & que de là est arrivé le desordre dans lequel il est presentement.

A la verité si cette objection estoit faitte par vne personne qui eust esté en Tutelle pendant toute l'administration de Soefve, elle pourroit faire les impressions que Monsieur de Thou veut qu'elle fasse, mais il y a plus de pudeur à luy de la faire, qu'il ny a de faute de la part dudit Soefve de n'avoir peu faire arrester vn seul compte à Monsieur de Thou pendant tout ce temps-là.

Premierement il n'est point veritable comme Monsieur de Thou le public, que Soefve ne luy aye jamais rendu de compte, car outre ceux qu'il luy a presentez toutes les années qui n'estoient à la verité que des comptereaux de la Recepte & dépence qu'il avoit faite pendant toute l'année, c'est qu'il luy en a presenté de generaux en divers temps, & particulierement comme a déja esté dit, vn de dix années de Recepte & dépence sur la fin de l'année 1656. ou au commencement de 1657. auparavant qu'il allast dans son Ambassade, il est vray que quand Soefve la fait interroger sur ce fait, il a répondu qu'il ne s'en souvenoit pas: cependant dans la premiere année de cette Ambassade comme il estoit en Hollande, il écrivit à Soefve, Vide Lettre du premier Novembre 1657. page seconde. *Que Madame de Thou luy mande par tout les ordinaires qu'il ne se peut rien adjouster à la peine & au soin qu'il prend dans toutes ses affaires, dequoy il n'a pas beaucoup de peine à estre persuadé, & par sa conduitte du passé & par l'exactitude de ses Lettres dont il a la derniere satisfaction, &c.* Comment est-ce que Monsieur de Thou a connû cette conduitte si ce n'est par les services qu'il luy avoit rendus par le passé, & par ce compte de dix années qu'il avoit examiné avant son depart, & toutesfois refusé d'arrester en le flattant d'vn traittement aussi favorable que celuy que Monsieur le garde des Sceaux de Chasteau-neuf, avoit fait au sieur Mignon son Intendant, qu'il avoit, disoit il, déchargé de toute reddition de compte. Ainsi à l'égard des dix premieres années de services dudit Soefve & d'administration de ses revenus, il n'a pas dû sans injustice, en parler (comme il a fait) apres vne approbation si authentique confirmée par la Lettre suivante du 15. du mesme mois de Novembre 1657. Page *eadem* dans laquelle témoignant à Soefve le regret qu'il a de ne pouvoir avoir auprés de luy son frere aisné, pour remplir la place du sieur Boulliau qui estoit Secretaire de l'Ambassade, il l'asseure qu'il *a vne veritable estime & affection pour les deux freres, & que s'il estoit en fortune assez relevée pour leur en donner des témoignages, il le feroit de tout son cœur.* Parolles cheres à la verité dans la bouche de Monsieur de Thou qui n'est pas accoustumé à dire des choses obligeantes à des gens qui sont au dessous de luy, mais qui marquent qu'il avoit sujet d'estre satisfait de la conduite de Soefve & des civilitez de son frere qui s'estoit excusé envers luy de ce qu'il ne pouvoit l'aller trouver.

L'a-t'il moins esté depuis dans le temps de son Ambassade, & jusques à son retour qui fut en 1661. il le faut voir, toutes ses Lettres en sont des témoins sans reproche, dont en voicy quelques-vnes.

*De la Haye ce 5. Avril 1659.*

„ J'Ay receu vostre Lettre du 18. avec le Papier qui l'accompagnoit que ie vous renvoye écrit
„ & signé de ma main, ie vous envoye aussi vn ordre pour le sieur Perdrisot, afin qu'il fasse
„ l'affaire de Monsieur Despringles à la meilleure cōposition qu'il se pourra, ie suis bien aise que
„ vous alliez souvent à Meslay; & si j'en avois esté crû vous auriez fait quelques voyages en
„ Bourgongne, car il est des terres, comme des maisons Religieuses, lesquelles d'autant plus
„ qu'elles sont visitées par des surveillans, d'autant plus sont elles dans l'observance de la reigle.
„ Pour Madame de Thou elle a vne certaine retenuë & timidité naturelle qui la rend incapable
„ d'aucune grande affaire, c'est à dire qu'elle pesche en trop de prudence & de discretion. Pour
„ *la dépense que ie fais icy, il est certain qu'il y a eu de la confusion & du desordre, mais elle en est cause,*
„ *car elle m'a tousiours fait entendre qu'elle viendroit, & j'ay laissé les choses comme elles estoient en at-*

„ *tendant sa venuë, & si elle estoit icy ie ne ferois pas plus de dépence que i'en fais & peut estre moins, & „ l'on épargneroit toute celle qu'elle fait à Paris.* Elle se flatte de mon retour apres cette année qui est „ la troisiéme, & par ce que ie sçay & ce que ie vois, quelque sollicitation que ie fisse pour „ mon retour, ie suis asseuré que l'on ne me l'accorderoit pas, *parce que l'on est persuadé que les „ affaires succedent assez heureusement entre mes mains & sous ma conduitte.* Mandez-moy s'il n'y a point „ d'apparence qu'elle puisse prendre la resolution de venir, & ce qui l'en empesche, car les deux „ pretextes qu'elle allegue de sa santé & de sa dépence ne me peuvent satisfaire. Ie suis bien- „ aise que Messieurs mes anciens Collegues se souviennent de moy, & luy ayent fait caresse, „ il me semble que Monsieur du Blanc-Mesnil en distribution doit estre tout-puissant, le „ jugeant par le pouvoir que i'y avois, & ie pretends avoir part en l'honneur de son amitié, „ c'est pourquoy ie voudrois bien sçavoir le détail de ses courtoisies afin de sçavoir qui i'en „ dois remercier. *Ie vous recommande toutes mes affaires dont i'ay l'esprit en repos, estant entre vos mains „ & en vostre conduitte ayant une entiere confiance, & en vostre affection, & en vostre fidelité & suffisances* „ de THOV. Paraphé, *ne varietur*, suivant nostre Procez Verbal de ce jourd'huy 25. Iuin 1670. „ Signé, Charpentier.

### *De la Haye ce 6. Iuin 1659.*

„ I'Ay receu vostre Lettre par laquelle ie suis bien aise d'apprendre vostre retour à Paris ne „ doutant pas que vous n'ayez donné toutes sortes de bons ordres à Meslay, mais quoy que „ ie ne vous fasse pas réponse exactement, ne laissez pas s'il vous plaist de m'écrire & le plus „ souvent que vous pourrez & non seulement de mes affaires, mais des nouvelles du Pallais „ & d'autres qui viendront à vostre connoissance, puis que ie suis bien aise d'estre informé „ *par vous, & que vous écrivez d'une façon qui me plaist & me satisfait.* Pour les Lettres de change „ que vous avez acceptées & que vous accepterez cy-aprés, vous ne devez pas douter que ie ne „ vous les alloüe dans vos comptes en me les rapportant & en tant que besoin est, ie vous en „ donne tout ordre & toute charge par ce billet signé de ma main, ainsi signé,

Iacques Auguste de THOV.

Paraphé, *ne varietur*, &c.

### *De la Haye, ce 13. Ianvier 1661.*

„ I'Ay receu vostre Lettre du septiesme, par laquelle ie suis bien aise d'aprendre que vous „ ayez acquitté cette Lettre de change de 16000 livres & que vous ayez employé à cét acquit „ la partie de dix-huit mille Florins, (*ce sont les dix-huit mil livres qui sont dûs à Monsieur le „ Marquis d'Ouartigny & au sieur du Tertre Chirrgien ausquels fut constitué 500 l. de rente à chacun*) „ que vous avez emprunté par mon ordre, & de laquelle vous ferez dresser l'acte d'indem- „ nité qui vous est necessaire à cause que l'on a desiré que vous vous y obligeassiez en vostre „ nom & cependant la presente vous tiendra lieu de cette indemnité, mais ie suis bien eston- „ né que Monsieur Colbert ne vous fasse point sçavoir de ses nouvelles, non plus qu'il ne „ m'aye point fait de response luy ayant escrit une Lettre de confiance, laquelle ce semble „ m'en devoit faire recevoir une, mais ie veux croire que c'est l'indisposition de son Eminen- „ ce qui retarde les choses & comme on nous asseure qu'elle se porte mieux, il faut esperer que „ l'on se souviendra des absens, & d'autant que l'on continuë à témoigner toute sorte de satis- „ faction de leur service, pour les autres affaires faites-en pour le mieux. Ie suis de THOV. „ Paraphé *ne varietur*, &c.

### *De la Haye, ce 7. Auril 1661.*

„ I'Ay receu par cet ordinaire vostre Lettre du 7. de ce mois accompagnée des Lettres de „ Monsieur de Lyonne & autres & separement, i'ay receu une Lettre de Monsieur le Tel- „ lier qui est tres-civile & tres-obligeante, aussi bien que celle de Monsieur de Lyonne. Pour „ Monsieur le Sur-Intendant, ie n'ay rien receu de sa part, & voicy la troisiéme Lettre, à la- „ quelle il ne m'a pas fait l'honneur de me donner response, ce qui me rendra plus reservé à luy „ escrire. Pour Monsieur Colbert ie luy escriray par le premier ordinaire sans faillir, mais au- „ jourd'huy dans ma dépesche de la Cour, ie supplie Sa Majesté de se ressouvenir de moy tou- „ chant nostre subsistance & en l'estat que sont les choses, ie ne doute pas que ie ne touche de „ l'argent au premier iour, *puis qu'il ne se peut rien adjouster à la satisfaction que Sa Majesté, & tous „ Messieurs les Ministres témoignent avoir de mon service*: C'est pourquoy il faut que nos Creanciers „ nous donnent encore un peu s'il leur plaist de patience, puis qu'ils ne peuvent plus tarder d'estre satisfaits. DE THOV. Paraphé *ne varietur*, &c.

## *De la Haye, ce 16. Iuin 1661.*

„ IE vous escris ce mot dans la derniere precipitation, pour vous dire que i'ay receu par vn „ seul ordinaire qui est arrivé aprés midy, vos Lettres du 8. & du 12. & que pour y répondre „ ie dépescheray demain vn de mes Secretaires exprés pour aller aprendre des nouvelles de „ Monsieur le Prevost & le remercier de ses bontez & des obligations que nous luy avons (*c'est* „ *que pendant la maladie de laquelle il deceda quelques iours apres cette Lettre, il avoit resigné ses deux Ab-* „ *bayes de Bonneval & de Samer avec son Canonicat au fils aisné de Monsieur de Thou*,) & i'escriray par „ cette mesme voye au Roy, à la Reyne Mere, à Monsieur, à Mademoiselle & à tous nos amis, „ & parens qui sont en Cour, & vous pourrez en advertir Monsieur de Brienne. Vous direz à „ Bernard que i'ay reçeu ses deux Lettres, & que i'estois en peine de luy, & ne manquerez de le „ servir en tout, & l'assister de tout ce qu'il aura de besoin, i'espere qu'on luy payera son voyage „ (*c'estoit vn autre Secretaire qu'il avoit auparavant envoyé*) mais au defaut qu'il ne manque de „ rien estant vne personne que i'ayme & qui m'est tres vtile, j'écriray aussi à Monsieur le „ Doyen de Nostre-Dame & à Madame d'Aiguillon qui est asseurément de mes amies, & qui „ aura fait tout ce qui s'est pû pour nous servir & obliger, ie suis bien aise que vous ayez pris „ cette partie d'argent, estant besoin de n'en pas manquer en de pereilles rencontres (*ce sont* „ *les 27000. qui furent pris à constitution de rente de Monsieur Coutel d'Argilly le 10. dudit mois de* „ *Iuin, dont Ioesve donnoit avis à Monsieur de Thou par les deux Lettres des 8. & 12. dont il accuse la* „ *reception*,) i'embrasse mon fils de tout mon cœur & de toute mon affection, & suis entiere- „ ment satisfait de vos soins & services, & suis, Vostre, &c. de THOV. paraphé, *ne varietur*, &c.

## *De la Haye ce 23. Iuin 1661.*

„ I'Ay reçeu vostre Lettre de Dimanche au soir qui est la plus exacte & la plus ponctuelle, & „ diligente qu'aucune que i'aye encore reçeuë de vostre part, c'est pourquoy ie ne puis vous „ en témoigner assez de gré: Nous sommes dans vne extrême douleur de l'estat où est Mon- „ sieur le Prevost, & ie ne me consolerois point si les deux Lettres que ie luy ay écrites par nos „ deux Couriers, ne le trouvoient plus en estat de les pouvoir lire. *L'on ne pouvoit se conduire à* „ *son égard avec plus de prudence.* I'écrivis encore hier à Monsieur le Doyen, mais la dépesche du „ Roy d'aujourd'huy qui est grande & dans laquelle il n'a pas fallu se relascher, ne m'a pû per- „ mettre de pouvoir écrire à Messieurs du Conseil de conscience, mais i'y satisferay demain & „ i'espere que i'auray vne occasion extraordinaire, ne manquez pas de témoigner à Monsieur „ de Berville combien nous nous sentons luy estre obligez de la peine & fatigue qu'il s'est bien „ voulu donner par pure amitié, & que si ie puis trouver l'occasion de le servir que ie ne m'y „ épargneray pas. I'ay donné vne Lettre de change à tirer sur vous de mille livres Monnoye de „ France à vn Gentil-homme de Silesie de mes amis nommé Lilgenau, lequel m'est fort recom- „ mandé, ie l'ay mise à quatre jours de veuë, parce que ie sçay que vous avez de l'argent, & vous „ me ferez plaisir de luy faire toute sorte de civilité & de luy faire voir la Bibliotecque, ie vous „ recommande mon fils, & de recommander aux Vallets de Chambre de Monsieur le Prevost „ de le bien servir jusques à la fin. Ie suis bien asseurément, Vostre affectionné à vous servir, „ de THOV. Paraphé, *ne varietur*, &c.

## *De la Haye ce 3. Aoust 1661.*

„ I'Ay reçeu vostre Lettre du 27. en réponce de laquelle ie vous diray que depuis & devant la „ mort de Monsieur le Prevost, i'ay reçû deux fois la semaine de vos Lettres, de sorte que „ vous ne serez plus en peine que ie n'aye reçû *toutes vos Lettres* qui sont arrivées à bon port, & „ m'ont instruit tres *particulierement & tres* à propos de toutes choses, de sorte que vous ne devez „ pas douter du gré que Madame l'Ambassadrice & moy vous en avons. Ie pense par ma derniere „ vous avoir mandé comme i'approuvois toutes les propositions portées par vostre Lettre du 20. „ du passé, & que Monsieur Martinet avoit agreées. Ie persiste dans cette resolution, & pour „ ce sujet ie serois bien aise d'aprendre les noms des creanciers de la succession de Monsieur le „ Prevost, & d'avoir vn memoire de leurs debtes, & sur tout il faut se mettre en estat que nous „ ne soyons pas forcez à vendre S. Germain, mais que si nous avons à nous en défaire que ce „ soit volontairement & qu'on nous en sçache du gré, afin de ne tomber pas dans l'inconve- „ nient de l'affaire de la vente de ma charge de President, laquelle fut venduë contre ma volon- „ té moins qu'elle ne valloit, & pour dédommagement nous laissa vne querelle, vn Procez & „ vn puissant ennemy. De THOV. Paraphé, *ne varietur*, &c.

## *De la Haye ce 31. Ianvier 1662.*

I'Ay receu vôtre Lettre du 26. laquelle est tres-exacte & tres ponctuelle, mais ma douleur est que ie n'ay pas le loisir de pouvoir respondre à tous les chefs aussi exactement que ie voudrois, i'écris vn remerciement à la Reyne Mere, & supplie Monsieur de Bethune de luy vouloir rendre la Lettre. C'est pourquoy vous aurez soin de rendre soigneusement à Monsieur de Bethune le pacquet dans lequel est cette Lettre, vous verrez aussi Monsieur le Comte de Montesson & luy rendrez compte soigneusement de toutes choses chaque ordinaire, & ie serois bien aise qu'il parlast avec Monsieur de Bethune, & concertassent ensemble de mes interests. Ie n'ay point encore eû de responce à la Lettre que i'écrivis au Roy en partant n'y aucun ordre pour m'en revenir, & celuy qui devoit venir icy ( *il parlois de Monsieur le Comte d'Estrades qui succeda à son Ambassade* ) & pretendoit y passer d'Angleterre, pourra faire vn tour à Paris & y sejourner encore. Pour Messieurs les Ministres ie leur ay rendu tous les respects & devoirs ausquels i'estois obligé, & pense n'avoir manqué à aucun: *Mais i'ay plus consideré Monsieur le Tellier & me suis plus ouvert à luy qu'aux autres à cause de nostre ancienne amitié, & s'il n'estoit pas de mes amis ie serois extrémement trompé*, i'ay tousiours fait porofession & le fais encore d'estre son tres humble serviteur, & s'il ne m'a pas fait de bons offices dans sa retenuë ordinaire ie suis asseuré qu'il ne m'en a jamais fait de mauvais & qu'il est incapable de cela. Pour Monsieur de Lyonne ie ne luy écris pas, pour ce qu'il assiste à tous les conseils où se lisent mes dépesches, & où se prennent les resolutions pour y répondre, & pour mon chiffre à moins que le Roy me le commandast, ce seroit vn crime d'en donner communiquation à qui que ce fust sans son ordre, mais Monsieur de Lyonne m'est venu dire adieu tres-civilement, & ie le fus chercher deux fois ( *c'est que Monsieur de Thou vint faire vn voyage en France en Septembre 1661. & s'en retourna par ordre du Roy sur la fin de Decembre* ) & i'ay tousiours vécu tres-honnestement avec luy & luy avec moy. Pour *Monsieur Colbert ie l'ay aussi obligé à estre de mes amis*, & s'il ne l'est pas en effet, il ne laissera pas d'en sauver les apparences. Ie suis, Vostre, &c. de THOV. Paraphé, *ne varietur*, &c.

## *De la Haye ce 15. Mars 1662.*

I'Ay reçeu vostre Lettre du neufiéme avec le modelle de procuration pour affirmer sur l'affaire de Launay que ie vous renvoye. Ie fais aujourd'huy vne grande dépesche à Monsieur Colbert pour luy rendre compte de quelque affaire dont il a les ordres du Roy de m'écrire, & comme ie luy en écris avec soin & qu'il en doit estre vn peu satisfait, & que par cette occasion ie luy recommande l'affaire de mes appointemens, vous pouvez aussi l'en solliciter & selon toutes les apparences, il doit bien recevoir cette sollicitation & estre bien aise d'avoir occasion de me servir, *puis que presentement sa Majesté est aussi satisfaite de moy qu'elle peut l'avoir esté par le passé.* C'est pourquoy Monsieur de Bethune s'il estoit bien informé comme il le doit estre de l'estat des choses, n'auroit rien hazardé à faire l'office dont il a esté requis, puis qu'on n'auroit pas voulu l'employer que bien à propos. Pour mes appointemens il faut que vous voyez de ma part Messieurs de Villeroy, le Tellier, de Lyonne, de Brienne & Colbert, qui reçeuront asseurément bien ma supplication, & trouverront le Roy bien disposé. Vous ne me mandez point si Monsieur de Bethunes vous a rien dit de la Reyne Mere au sujet de ma Lettre. Madame de Thou sort presentement d'icy, laquelle demeure d'accord que l'on vende la maison de la ruë du Battoir, & qu'on la donne pour cinquante, quarante-neuf ou quarante-huit mil livres. Ie suis vostre affectionné à vous servir, de THOV. Paraphé, *ne varietur*, &c.

Toutes ces Lettres qui sont écrittes en differends temps & dans celuy de l'Ambassade de Monsieur de Thou d'où il retourna au mois de Iuin 1662. marquent elles qu'il ne fust pas satisfait de la conduitte de Soefve, rien moins, elles sont toutes pleines de gratitude & de confiance en cette mesme conduitte, témoignent beaucoup d'empressement pour avoir de l'argent, soit du costé de la Court, soit par emprunt, aussi avoit-il esté confirmé par Madame de Thou qui le fut trouver sur la fin de l'année 1660. que jamais Domestique n'avoit servy avec plus de zelle & d'affection que celuy-cy, & il en estoit de sa part si persuadé & de tout ce qu'il avoit fait & faisoit, tant pour luy faire prester de l'argent, que pour les interests de sa maison pendant la maladie & apres le deceds de Monsieur le Prevost pour les affaires de sa succession, & auprés du Roy & de la Reyne Mere, & de tát de personnes de qualité, pour faire avoir à son fils aisné les benefices qu'il luy avoit resignez, qu'il s'est trouvé obligé par quelques vnes de ces Lettres, de l'asseurer qu'il luy en sçavoit gré, luy qui est fort sterile en reconnoissance, mais apres la Lettre qu'il écrivit à Soefve le 7. Novembre de l'année 1662.

vide

*vide* page 3, dans laquelle il l'asseure que *cette mesme confiance ne se diminuë pas, mais qu'elle augmente tous les iours par la connoissance qu'il a de sa fidelité, de son Zele & de son affection, & qu'il luy fe a connoistre cette verité plus par des effets que par des parolles*, Peut-on douter qu'il ne l'aye pas dit serieusement, & qu'il n'aye pas eu sujet de le dire, peut-on douter que Soefve ne l'aye pas souventesfois pressé de recevoir & d'examiner ses comptes, & quand par cette mesme Lettre Monsieur de Thou respondant à celle que Soefve luy avoit escritte, dans laquelle il le prioit de voir ses comptes, luy mande *que ce sera l'ouvrage de cet Hiver*, n'est-ce pas vne marque que Monsieur de Thou n'en vouloit rien faire.

Mais cette Lettre encore vne fois se pouvoit-elle escrire par Monsieur de Thou à Soefve cinq mois apres son retour d'Holande, s'il eust esté vray qu'il ne luy eût point rendu vn compte exact de ses affaires, avec vn comptereau de la Recepte & dépence qu'il avoit faite pendant son Ambassade, outre ceux que Soefve, & depuis luy, Madame de Thou luy avoient portés lors qu'il estoit en Holande qui luy en devoient faire connoistre l'estat, & lesquels il supprime malicieusement. Et cette lettre seulle ne suffiroit-elle pas pour le convaincre de la derniere calomnie à son égard, & pour détruire tout ce qu'il a dit, & dans la Requeste qu'il presenta à Monsieur le Lieutenant Civil, & dans celle qu'il bailla au Roy, & qui est tout au long transcritte dans le vû de l'Arrest de surseance, & dans tous les autres Actes touchans la conduitte de Soefve.

Il a refusé de luy rendre compte de son administration; cela peut-il entrer dans l'esprit de qui que ce soit? Quoy vn domestique refusera de rendre compte à son Maistre pendant vingt-deux années & son maistre aura cette indulgence que de ne luy en rien témoigner, de le tenir tout ce temps à son service, & de l'employer en ses affaires les plus particulieres & les plus secrettes, en verité cela choque le sens commun. Mais quand est-ce que Monsieur de Thou s'est plaint de ce pretendu refus? en 1668. Quand il a vû que Soefve ne luy faisoit plus prester de l'argent, & que son credit estoit aussi bien perdu que le sien, lors qu'il s'est vû accablé par ses Creanciers, & inquieté par l'emancipation de son fils aisné. Pourquoy l'a-t'il fait? pour s'excuser envers eux d'vne dissipation de bien, dont il n'y a eû que luy qui aye esté l'Auteur. Car enfin cette administration que l'on pretend que Soefve en a euë n'a iamais esté que sous les ordres de Monsieur de Thou où de Madame sa premiere femme, encore n'a-ce esté que dans le temps qu'ils ont esté l'vn & l'autre en Holande, parce qu'auparavant ce n'estoit point luy qui l'administroit n'y depuis leur retour, y ayant grande difference entre la fonction d'vn Tuteur, tel qu'est à proprement parler celuy qui gere & administre le bien de ses pupilles, & vn simple Receveur comme a esté ledit Soefve, qui ne faisoit rien que par les ordres de Monsieur de Thou & de Madame sa femme, qui hors le temps de leur Ambassade donnoient eux mesmes les quittances de leurs revenus, dont il ne doit compter à l'egard de ce qui est entré en ses mains & en est sorty, que comme de Clerc à Maistre, ainsi mesme que la Sentence des Requestes du Pallais du 10. May 1669 l'a iugé, & Monsieur de Thou ne sçauroit montrer que Soefve aye iamais rien fait de son chef, & qu'il n'aye point esté adverty de tout ce qui se passoit en ses affaires, parce que quand il s'en alla en Hollande, Soefve luy donna vn estat de ses revenus de ses dettes, & de ce à quoy montoit à peu pres la despence ordinaire de sa maison, afin qu'il se reiglast dessus pour la despence qu'il avoit à y faire dans le temps qu'il y seroit, Madame de Thou luy en porta vn autre quand elle l'alla trouver au mois d'Octobre 1660, parce que la vente de sa charge de President avoit acquitté quelques dettes. Depuis qu'ils furent de retour, & en 1662 Madame de Thou en demanda vn autre à Soefve, par ce que les affaires avoient changé, tant à cause du bien qu'avoit laissé Monsieur le Prevost qu'a cause de ses dettes, Monsieur de Thou (qu'il s'en souvienne) luy deffendit de luy donner, parce qu'il ne vouloit pas qu'elle en sceut le détail, neantmoins comme il ne s'en pût deffendre, il le dit encore à Monsieur de Thou, & que ladite Dame estoit tousiours apres luy pour cela, Monsieur de Thou luy dit de luy bailler, mais qu'il n'y mit pas toutes les dettes, afin de ne l'a pas épouvanter, Soefve luy respondit qu'il valloit mieux qu'il ne le donnast point que d'en cacher la moindre chose, enfin il luy donna, elle le fit voir à Monsieur de Thou, & l'excez de toutes les dettes de la Maison confronté avec la mediocrité du bien, donna tant de chagrin à cette Dame qu'il luy dura iusques à sa mort arrivée en Fevrier 1664, n'estoit-ce pas là des sujets à Monsieur de Thou de presser Soefve de luy rendre compte, s'il eût ignoré l'estat de ses affaires, & s'il l'eust soubçonné de la moindre infidelité. Quelques mois apres la mort de ladite Dame, Soefve ne luy dit-il pas qu'il ne falloit plus qu'il esperast trouver de l'Argent à emprunter, par ce qu'outre qu'il n'avoit plus de femme pour s'obliger, c'est que son credit estoit entierement perdu, par ce qu'on sçavoit par tout les grands emprunts qu'on avoit esté obligé de faire pour le faire subsister en Holande, & la despense qu'il y avoit faite, dont il devoit estre suffisamment persuadé, par ce que sans le secours qu'il receut pendant la maladie extréme de ladite Dame par le moyen de Soefve d'vne somme de dix mil livres qui estoit entre ses mains, & qui appartenoit à vne personne de qualité, & quelque temps apres par l'emprunt qu'il fit des vingt mil livres qui sont dûs au sieur Baudon, & qu'on ne luy voulut point donner que Soefve & sa femme ne s'y obligeassent, il estoit menacé d'vne Apposition de Sccllé dans sa Maison que Soefve détourna, & qui estoit capable des ce temps-là de mettre le feu par tout, n'estoit-ce pas encores là vn sujet à Monsieur de Thou de demander vn compte à Soefve pour sçavoir le detail de ses affaires, puis qu'il les voyoit en si mauvais estat, mais ce n'a iamais esté son dessein, il le sçavoit aussi bien que Soefve, & s'il estoit necessaire de l'en convaincre, il feroit voir par vn nombre infiny de Lettres qu'il a de luy, que Soefve l'en a tousiours informé, Qu'il l'a tousiours pressé de voir & arrester les comptes, & qu'il l'a perpetuellement refusé, dont il ne faut point d'autre raison, sinon qu'il estoit asseuré que rien ne manquoit du costé de Soefve, des soins, de l'affection & de la fidelité duquel il estoit suffisamment persuadé; des soins par ce qu'il n'en a iamais manqué dans toutes les affaires de sa maison, il n'en faut point d'autres preuves que l'aveu qu'il en rend par les Lettres cy-devant escrites, & par ving-deux années de services sans aucun reproche, & le témoignage que Madame de Thou en rendit en mourant, quand elle luy recommanda ses enfans, & y adjoustant ces mots *qu'ils en avoient besoin, & qu'elle estoit persuadée de l'affection qu'il avoit pour eux*, de l'affection il l'a fait assez connoistre, non seullement par cette grande application qu'il a donnée au service de Monsieur de Thou, qu'il a preferé bien des fois à des employs beaucoup plus honorables, plus considerables & plus profitables, mais encore en s'obligeant (comme il a fait) pour luy, & y faisant obliger sa femme pour le faire subsister, non seulement dans le temps de son Ambassade, temps auquel on ne luy vouloit pas prester vn sol sans le credit dudit Soefve, mais encore depuis son retour, & apres le deceds de Madame sa femme, & iusques en May 1668 que pour luy faire rendre ses Chevaux qui avoient esté arrestez à la Requeste d'vn Creancier, il s'obligea encore envers luy pour ledit sieur de Thou, de la fidelité, non seullement par l'asseurance qu'il en donne par les Lettres cy-devant escrites, & de la gratitude qu'il en témoigne avoir: mais encor par tous les comptes & compteteaux de sa Recepte & despence qu'il luy a donnez iusques à la fin de l'année 1667 qu'il luy declara & mesme auparavant qu'il ne vouloit plus tenir sa Kaisse, attendu le peu d'ordre qu'il donnoit à ses affaires, & qu'il ne vouloit plus rougir quand ses Creanciers luy venoient demander de l'argent, ce qui a peut estre esté vne des causes du refroidissement de Monsieur de Thou à l'égard dudit Soefve, qu'il soupçonnoit des ce temps-là avoir de grandes intelligences au prejudice de ses interests avec son fils aisné, les Lettres qui suivent en feront voir quelque chose, elles sont escrittes par Monsieur de Thou à Souefve quand il estoit à Samer.

### *De Paris ce 12. Decembre 1665. Extrait de Lettre.*

,, I'Ay examiné vostre Lettre derniere, & ne suis pas esloigné de faire vne partie de ce qui y
,, est contenu, & ie n'ay iamais fait difficulté de faire les choses necessaires pour le bien de
,, mes affaires, mais mon fils aisné me donne de la peine, c'est vn esprit qui a esté gasté par
,, les flatteries & impressions des personnes qui estoient avec ma sœur, (*il veut parler de Madame*
,, *de Pontac*) & par d'autres personnes du logis, iusques icy ie me suis extremement retenu:
,, mais s'il passoit à vne desobeïssance ouverte, il sera impossible que ie n'vse de toute mon au-
,, torité contre luy & contre ceux qui y auront contribué: mais ce ne sera qu'a l'extremité,
,, i'ay donné charge au sieur Lucas de tascher à terminer l'affaire de Madame Lescot, & des
,, Boisseaux & il y travaille, & l'ay adverty que ie voulois vendre toutes les maisons de Vannes
,, & Issy hors les deux que l'on est contraint de garder afin de les indiquer à ses connoissances,
,, l'on est apres à vendre les Chevaux de selle, & a reigler toute la Maison ou Madame de Thou
,, paroist fort intelligente (c'est la seconde femme de Monsieur de Thou) mais la conduitte
,, de mon fils la blesse fort, & i'ay pris resolution de mettre mes deux Cadets au College d'Har-
,, court des aussi tost qu'il y aura des Chambres vuides, afin qu'ils ne se gastent pas au logis par
,, les flateries & exemples des domestiques comme a esté l'aisné. DE THOV.

Paraphé, *ne varietur*, suivant nostre procez verbal de ce jourd'huy vingt-cinquiesme Iuin 1670. Signé, Charpentier.

### *Extrait de Lettre, De Paris 20. Decembre 1665.*

,, POur mon Domestique, i'ay enfin parlé à mon fils lequel i'ay trouvé bien plus innocent
,, qu'il n'avoit paru, il m'a declaré que ie pouvois disposer entierement des Benefices, &
,, des-ja l'affaire de l'Abbaye est faite (*C'est de l'Abbaye de Samer*) la Reyne Mere m'ayant ac-
,, cordé la chose de tres-bonne grace, de sorte que si i'avois mon Brevet que vous avez fort
,, mal à propos manqué de me donner devant que de partir; la chose seroit expediée, & dans
,, l'estat où est la Reyne Mere; il n'y a point de temps à perdre. Pour le Prieuré de S. Sauveur,
,, ie luy laisse encore, la chose ne dépendant point de la Court, se pouvant faire toutes & quan-
,, tes fois que ie le trouveray à propos. *Monsieur Boulliau a fait grand tort à mon fils, en luy inspi-*
,, *rant de vilaines maximes d'avarice, dont son esprit est tout remply, mais on ne luy a pas moins fait*
,, *de tort, en luy donnant des instructions des affaires de la maison dont il ne devoit point avoir de connoissance.*

„ Les enfans iusques à ce qu'ils sortent des estudes ne devans avoir connoissance que de leurs „ livres, & quand i'ay gourmandé Monsieur Boulliau sur cet article, il m'a bien sçeu dire que „ ces informations venoient de vous, puis que vous estiez le seul qui en avoit connoissance, „ & quoy que ie sois persuadé que vous n'avez rien fait en cela qu'a bonne intention, neant-„ moins vous avez eu grand tort d'aller entretenir imparfaictement vn jeune esprit des affaires „ sans mon ordre & sans m'en advertir, & à l'avenir il faut en vser tout d'vne autre façon, il „ faut qu'il n'y aye qu'vn maistre dans vne maison & vne maistresse, & que tout le reste soit „ soumis & dans l'obeyssance: mais par la grace de Dieu le mal est guery, & le fond de l'esprit de „ mon fils est plain de respect & de l'obeyssance qu'il me doit, & i'ay lieu d'en esperer tout, se „ laissant conduire comme il doit, & s'appliquant à sa profession. Pour Madame de Thou, le „ mal domestique avoit passé iusques dans son esprit, mais ayant heureusement découvert la „ cause de ses chagrins, le mal a esté bien-tost guery, & toutes choses sont par la grace de Dieu „ en l'estat que ie puis desirer. DE THOV.

Paraphé comme dessus.

*Vide*, *Lettre du 18. May 1666* Page 4, *dans laquelle il reproche a Soefve que c'est luy & Boulliau qui empeschent son fils aisné de resigner ses Benefices qui estoient le Prieuré de S. Sauveur & le Canonicat de Nostre-Dame.*

## *De Paris ce 20. May 1666.*

„ I'Ay receu vostre Lettre du 16. qui contient deux chefs, pour le dernier qui concerne le „ comptes de Paillard, ie n'ay pas sçeu iusques icy que ce fut le Pere Denis qui l'eust dressé, „ & sans la presence duquel il ne put pas se rendre, & comme vous me mandez que vous vous „ y trouvez tres-empesché, ie pense si on a à recevoir quelques lumieres & instructions „ là dessus, ce ne peut estre que des gens de feu Monsieur le Prevost, puis qu'il n'y a qu'eux „ qui en puissent avoir connoissance, & quand ie vous ay mandé qu'il estoit à propos que „ vous revinssiez apres avoir examiné ce qui regarde le compte de Dom Nicolas, on ne pou-„ voit pas vous envoyer vn ordre plus à propos, puis que par cette Lettre vous remettiez si „ loin celuy de Paillard, c'est à vous à faire estant sur le lieu ce qui s'y peut faire, & non pas „ ailleurs, & comme cette affaire est de tres grande consequence, ne la terminer & conclurre „ qu'avec grande connoissance de cause. Pour l'autre article vous auriez bien fait de le lire „ plus d'vne fois, & de ne l'envoyer pas, pource qu'il y a quelque chose d'assez mal à pro-„ pos, & sur quoy ie m'expliqueray plus particulierement à vostre retour. *Pour ce qui est de vous* „ *retirer, ie n'ay point encore eu la pensée de me defaire de vous, comme vous semblez le penser, mais* „ *en cela il y a vne grande liberté, de part & d'autre, quand vous ne vous trouverez pas bien avec moy,* „ *vous serez tousiours tres-libre de vous retirer. De ma part, si ie n'estois pas satisfait de vostre conduite, i'en* „ *vserois de mesme, mais cela se feroit tousiours dans les formes, & ie trouve fort à redire que vous alliez* „ *au devant des choses à quoy on ne pense pas.* Pour mon fils ie me flatteray tousiours, qu'il ne „ fera iamais rien contre ce qu'il doit: mais si Dieu m'affligeoit à ce point qu'il arrivast le con-„ traire, ie sçay bien à qui ie m'en puis prendre, & ce ne peut estre qu'a ses pedagogues (*il* „ *veut parler de Boulliau*) & conseillers (*il veut parler de Soefve.*) Pour les Benefices, ie ne luy en „ ay point parlé, pour ce que cette affaire ayant esté traitée avec Madame de Beaumont, ie „ ne croy pas qu'il doive y avoir de changement; ie vous escris celle-cy encore à Samer, pour ce „ que quoy que vous ayez mandé à du Chesne de ne vous plus écrire sur l'article de Paillard, „ vous deviez attendre de mes nouvelles. Ie suis vostre, &c. DE THOV.

Paraphé comme les autres.

*Vide*, les Lettres des 2. & 3. Iuin 1666, Pages 4 & 5.

## *De Paris ce 29. Novembre 1666.*

### *Extrait de Lettre escritte par Monsieur de Thou à Soefve comme il estoit à Samer.*

„ POur ce qui est du grand article de la seconde Lettre qui concerne vos comptes, vous ne „ devez point imputer n'y a Mademoiselle de Vareges n'y a autres, le preiudice que cela me „ fait & a vous, mais à vostre imprudence & mal habileté d'avoir rendu compte, & entretenu „ mon fils pour luy complaire de l'estat des affaires, car comme ie ne me suis pas amusé à l'en „ entretenir, & qu'aussi ie ne le pouvois pas, il faut que ce soit vous, & vous n'en pouvez „ disconvenir puis qu'il n'y a que vous qui le sçavez, & l'imprudence d'aller remplir l'esprit d'vn „ ieune homme des choses qui n'ont servy qu'a luy donner de la peine d'esprit qui ne doit „ s'appliquer presentement qu'a ses estudes, & mal habileté de n'en parler pas au Maistre „ qui seul y peut & doit donner le remede, *c'est mon fils qui en a entretenu Monsieur Boulliau &* „ *& Mademoiselle de Vareges qui tous deux en ont fait vn secret par la Ville, mais ie pense que vous ne* *ne serez pas si mal advisé, que de tomber pour la seconde fois dans cette mesme faute.* Pour Madame de Thou, ie pense qu'elle a pû estre bien aise de rejetter sur vn tiers le retardement de son retour, & la longueur de son sejour, mais l'affaire du sieur Martin, celle du sieur de la Blancherie, l'Inventaire des papiers & le voyage de Villiers, Charlemaigne n'estoient pas des affaires à y employer six semaines & plus. ( *il trouuoit à redire que Soefue eust demeuré si long-temps prés de Madame de Thou qui l'avoit amené avec elle au pays du Mayne pour ses affaires particulieres* ), principallement à vne personne qui est tres diligente quand elle s'applique au travail, comme ie vois par le compte que vous m'avez envoyé, & sçachez que ie sçais mieux connoistre, loüer & estimer ce qui est bien fait que qui que ce soit, mais aussi ie sçay fort bien connoistre ce qui n'est pas bien, & ou l'on manque, mais l'avantage qu'il y a, est que ie ne suis pas capable d'oublier le bien & que ie le suis d'oublier le mal, & évites de faire de certains éclaircissemens qui ne sont n'y plaisans, n'y a propos à accommoder les choses. Vostre &c.

DE THOV.

Paraphé comme les autres.

***Extrait de Lettre de Monsieur de Thou à Soefve.***

***De Vannes, ce Vendredy au soir 21. Octobre 1667.***

IAy receu vostre Lettre de ce matin avec le projet de compte que i'examineray, il y a beaucoup à respondre à la Lettre, mais ce qui presse le plus est cet appointé pour faire ensemencer les terres de la Boudiniere & des Graviers, ie seray bien aise de voir cette consultation de Monsieur Robert, dont ie n'ay rien sceu que par vostre compte, comme aussi celle pour l'affaire de Iouarre puis qu'il y faut penser & serieusement pour la terminer, Ie suis, Vostre &c. DE THOV.

***Extrait de Lettre escritte par Monsieur de Thou à Soefve comme il estoit à Sumer.***

***De Vannes ce 21. Octobre 1668.***

POur mon fils tous les respects qu'on luy rend ie me les applique à moy-mesme ( *il avoit de l'ombrage de ce que Soefue en retournant de Bourgongne en Septembre 1668. avoit esté voir son fils, à S. Germain en Brie &c.* ) mais ie ne veux pas que sous ce pretexte il y aye aucune cabale n'y monopole, auquel ie ne prendrois aucun plaisir, & pour ce sujet ie ne veux point qu'on se serve de mauvaises finesses, mais que l'on aille rondement comme ie pretends que l'on fait à mon exemple qui ay tousiours eu cette conduitte dans les grandes & petites affaires, & i'ay trouvé que la meilleure finesse est de n'en avoir point, mais d'estre sage & advisé, & de se deffendre par cette voye des artifices dont on se peut servir à l'encontre de nous. Ie suis Vostre tres affectionné à vous servir, DE THOV.

Paraphé comme les autres.

***Extrait de Lettre du mesme au mesme comme il estoit encore à Sumer.***

***De Vannes, ce 31. Octobre 1668.***

QVand à ce que vous me mandez, que si vous aviez découvert quelque chose des soubçons que l'on a que les saisies faites en Bourgongne ont esté suggerées, vous n'auriez pas manqué de m'en advertir, vous faites en cela ce que vous devez, & à quoy vne personne à qui on se confie ne peut manquer sans crime, & vous avez aussi grande raison de dire que vous n'estes point vn coûteau à deux tranchans, puis que c'est vn personnage tres-dangereux & difficile à continuer long-temps, sans que l'on s'expose, car vn Pere & vn Fils s'accommodent bien aisément, & quoy qu'vn fils puisse faire quelque chose qui déplaist, vn Pere a tousiours vne forte disposition à l'oublier & à le pardonner, c'est pour quoy c'est vne vne grande imprudence à qui que ce soit de se commettre entre vn Pere & vn fils : mais à l'égard de ces saisies de Mõsieur Despesses & de Monsieur de la Margrie, ce dernier m'a dit qu'il n'y songeoit pas, & qu'on l'avoit adverty de la faire, & Monsieur Despesses a dit à Madame de Beaumont qu'on luy avoit donné vne si grande peur de la perte de son dû par des particularitez qu'on avoit dites à son homme d'affaires, qu'il avoit esté obligé de faire cette saisie, & qu'il falloit qu'il y eust la dessous de la malice, ie ne sçay qu'elle est, mais il faut attendre l'evenement pour en mieux iuger, mais certain détail qui ne peut estre sçeu que de tres peu de personnes quand il vient à estre divulgué, on ne peut pas faire quelle soubçon ne tombe sur ceux qui en peuvent avoir connoissance. DE THOV.

Paraphé comme les autres.

Il

Il seroit à souhaitter que Monsieur de Thou voulust de bonne foy representer toutes les Lettres que Soefve luy a escrittes, & particulierement celles dont il accuse la reception & ausquelles il fait response par celles cy-dessus, parce qu'elles le iustifieroient asseurement de tous les reproches qu'il luy fait presentement, & feroient connoistre (comme celles dudit sieur de Thou) que tant s'en faut que Soefve aye refusé de luy rendre compte, qu'au contraire il l'a perpetuellement pressé de l'entendre; Que ce n'est point ce pretendu refus de luy rendre compte, n'y cette pretenduë mauvaise administration qu'il a faite de son bien, qui sont cause de son indignation contre luy, puis qu'il paroist par ces Lettres, & particulierement par celle du 29. Novembre 1666, que Monsieur de Thou luy reproche que c'est luy qui s'est plaint à son fils (comme il estoit vray) qu'il n'avoit encores pû lors obliger Monsieur son Pere à voir & arrester ses comptes, & que ce fils en avoit entretenu Boulliau & Mademoiselle de Vareges ses amis, qui en avoient fait vn secret par la Ville, pour insinuer à tout le monde que Monsieur de Thou ne donnoit aucun ordre à ses affaires, & pour colorer apparemment le dessein que ce fils avoit dés ce temps-là de se faire emanciper, & ainsi vray de dire que le veritable sujet de l'indignation de Monsieur de Thou ne provient, & cela paroist visiblement dans ses Lettres, que de ce qu'il a crû que Soefve avoit dissuadé son fils de resigner ses Benefices, Qu'il luy avoit fait part du détail des affaires de sa maison, & qu'enfin il avoit esté le premier mobile de son emancipation, qui luy a plus tenu au cœur que tout le reste, quoy qu'il paroisse qu'il y aye donné les mains, il n'en faut point d'autre preuve que la Lettre que le fils aisné escrivit à Soefve le 22. Fevrier 1669 Page 26, deux mois apres le demeslé que ledit Soefve eût avec Monsieur de Thou Pere.

Monsieur de Thou avoit d'abord & au commencement de ce demeslé publié par tout, outre ce refus imaginaire de luy rendre compte, qu'il ne sçavoit ce qu'estoient devenus les deniers de la charge de President venduë par Madame de Thou, comme sa Procuratrice dans la premiere année de son Ambassade qui fut en 1657, non plus que ceux de la charge de Conseiller dont Monsieur le Prevost estoit revestu lors de son deceds, qui fut vendu au commencement de l'année 1662, & que Soefve en avoit appliqué vne partie à son profit particullier, mais pour son malheur, il le dit à de certaines gens qui sçavoient aussi bien que luy ce qu'ils estoient devenus, & qui ne douterent pas qu'il n'y eût plus d'emportement que de verité dans son procedé.

En effet son Office de President fut vendu à Monsieur de Maupeou trois cens trente-sept mil cinq cens livres, il y avoit des oppositions au sceau pour plus de cinq cens mil livres de la part de ses Creanciers, ce n'estoit pas le moyen de les payer tous, & ce fut Monsieur de Maupeou qui en paya luy-mesme le prix à quelques vns desdits Creanciers, il en fut de mesme de la Charge de Monsieur le Prevost, qui fut venduë à Monsieur le Brun cent cinquante & tant de mil livres, qu'il distribua luy-mesme à quelques Creanciers opposans au Sceau, & où il y en avoit pour plus de trois cens mil livres, ce qui ayant fait confusion à Monsieur de Thou d'avoir allegué vn fait de cette qualité, luy qui avoit obligation à Soefve des soins qu'il avoit pris de se faire donner main levée par les opposans qui n'estoient point payez, qui ne luy fut pas vne petite peine, parce que sans cela le prix de ces Charges, leur estant à tous distribué au sol la livre, Monsieur de Thou n'auroit pas touché comme il fit par les mesmes soins vne partie de ces deniers qui luy servoient extremement dans la necessité de ses affaires dont le remboursement estoit certain dés ce temps-là sans la vente de ces Charges, il a esté obligé de changer de langage.

Il a encores dit & le dit tous les iours que quand il alla en Holande il ne devoit pas vn sol, & Soefve luy respond qu'il devoit plus de vingt six mil livres de rente, il est vray que la vente de sa charge l'acquitta d'environ vnze mil livres de rente, parce qu'il devoit lors beaucoup d'arrerages, au payement desquels vne partie du prix fut employé, mais ce qu'on a esté obligé d'emprunter pendant son Ambassade pour le faire subsister, luy ayant fait de nouvelles dettes, avec ce qu'on a emprunté depuis son retour à mesme fin, fait qu'on ne doit pas s'étonner de l'estat où sont ses affaires, non plus que de ce qu'il doit plus qu'il n'a de bien.

Mais comment cela se peut-il faire qu'vne maison dans laquelle il y avoit de si grands biens, & du costé du Mary, & du costé de la femme qui sont accrûs par vne aussi grande succession que celle de Monsieur le Prevost se trouve aprésent ruinée ? on se trompe, la maison de Monsieur de Thou de son chef n'a iamais esté riche, feu Madame de Thou à la verité avoit plus de bien que luy, mais tout ensemble ne faisoit pas plus de trente-six mil livres de revenu, Monsieur de Thou devoit plus de vingt-mil livres de rente, quand Soefve entra chez luy qui fut au commencement de 1647. De sorte qu'il ne pouvoit pas faire subsister sa Famille & son train pour seize mil livres par an, & comme il se faisoit toutes les années quelques rachapts des rentes qui appartenoient à Madame de Thou dans la Province de Bourgongne, rarement se remplaçoient-ils comme l'on fait dans les maisons bien reglées, mais comme le revenu ne suffisoit pas pour faire subsister celle-là, à cause des arrerages qu'il falloit payer toutes les années, l'argent qui provenoit de ces rachapts y estoit employé encores ne suffisoit-il pas le plus souvent, puis que beaucoup de fois on estoit obligé d'en emprunter, & c'est ce qui fait comme a esté desia dit, que lors que Monsieur de Thou s'en alla en Holande, il devoit plus de vingt-six mil livres de rente. De parler d'œconomie, de menage & de retranchement à Monsieur de Thou, c'estoit luy faire fort mal sa Court, y avoit-il personne au monde qui luy en peût parler plus librement que Madame sa femme, & qui eût plus droit de le faire, cependant elle n'y gaignoit rien, & c'estoit vn des plus grands sujets de chagrin qu'elle eût.

Aussi n'en fust ce pas vn d'étonnement à toutes les personnes qui sçavoient les facultez de cette maison. Quand on sçeût que Monsieur de Thou avoit accepté l'Ambassade d'Holande, chacun ne disoit-il pas, que c'estoit pour achever sa ruine? Que ne fit point Madame de Thou pour l'en empescher, mais qu'est-ce que cela servit? le revenu de la Maison venoit d'estre augmenté de celuy du Prieuré de S. Sauveur qui estoit affermé dix mil livres par an, surquoy il falloit payer quinze cens francs à Boulliau pour la pension qu'il s'estoit reservée dessus, pour prix de sa confidence, & trois à vn autre pensionnaire qui luy avoit cedé son indult, cette augmentation encouragea Monsieur de Thou, qui d'ailleurs ne s'en pouvoit plus deffendre avec honneur, apres l'avoir acceptée: mais cette augmentation de revenu n'estoit pas suffisante, non plus que les appointemens qu'il avoit du Roy pour subvenir aux grandes despences qu'il y faisoit, lesquels appointemens rendus en Holande, ne montoient pas à quinze mil livres à cause de la remise de l'argent, & que les Monnoyes vallent moins en ce Pays-là qu'en France; quoy que dans la mesme année de son Ambassade ce revenu fust encore augmenté par la vente de sa Charge de President qui l'acquitta (comme a esté dit) d'environ vnze mil livres de rente, par ce qu'il falloit payer annuellement les arrerages des rentes qui restoient à payer, à quoy Soefve estoit extremement ponctuel, par ce qu'il estoit question d'entretenir le credit de Monsieur de Thou, & toutes les années emprunter pour acquitter les Lettres de Change qu'il tiroit toutes les semaines sur luy. Soefve faisant voir par son compte qu'il en a payé pour pres de trois cens cinquante mil livres dans les cinq années deux ou trois mois qu'il a esté dans cét employ, sans l'argent qu'il emporta avec luy quand il y alla, & aussi celuy que Madame de Thou emporta quand elle le fut trouver. De sorte que s'il y a lieu de s'estonner, c'est de ce que Monsieur de Thou dépensoit toutes les années en Holande sur ce pied plus de soixante mil livres, outre la despense que Madame de Thou faisoit à Paris où elle avoit tenu ménage jusques au premier Iour d'Octobre 1660, & qu'elle alla trouver Monsieur de Thou, & de ce que Soefve à pû faire subsister cette maison si long-temps chargée de dettes si considerables & avoit acquitté avec honneur ainsi qu'il a fait dans tout le temps de son Ambassade, non seulement les arrerages de vingt-six mil livres de rente & plus que Monsieur de Thou devoit à son retour d'Holande, mais encores pour pres de trois cens cinquante mil livres de lettres de Change qu'il a tirées sur luy pendant qu'il y a esté.

Car pour le regard de la succession de Monsieur le Prevost chacun sçait qu'elle a quasi esté à charge à la maison de Monsieur de Thou. Il devoit quand il mourut seize à dix-sept mil livres de rente, il avoit fait pour cinquante mil livres de legs, il avoit laissé les bastimens de ses deux Abbayes de Bonneval & de Samer en tres mauvais estat, qu'il a fallu reparer aux dépens de cette succession, il laissoit à la verité deux terres considerables Vanves & S. Germain, mais les revenus ne suffisoient pas pour satisfaire aux dépens que Monsieur de Thou y faisoit toutes les années, puis qu'on a vû que depuis son retour d'Hollande qui fut en May ou Iuin 1662. jusques au jour de la decadence de ses affaires, il y a dépensé prés de cent cinquante mil livres qui ont par consequent fait dommage à cette maison de plus de sept mil livres de rente, dont le revenu s'est trouvé diminué, puis que cette dépence n'a esté faitte qu'en Massonnerie, Charpenterie, remuement de Terres & autres sortes d'ouvrages qui n'en ont point augmenté les revenus d'vn sol, sans compter la dépence de bouche qu'il y faisoit assez souvent avec ses amis. La Charge de Monsieur le Prevost fut à la verité venduë cent cinquante & tant de mil livres, mais tout ne fut pas employé à rachapter des rentes, parce que Monsieur le Prevost devoit quantité d'arrerages qu'il falloit payer pour avoir main-levée des oppositions que ceux dont on ne rachaptoit pas les rentes avoient formées au Sceau, Monsieur le Prevost avoit sa maison Canonialle qui fut venduë trente six mil livres, toutes ses maisons de Paris, de Vanves & de S. Germain estoient meublées, mais à l'exception d'vne partie des meubles de la maison Canonialle qui fut venduë à Edoüard le Prevost frere du défunt, & heritier des quatre Quints de ses propres, & qui luy furent donnez lors que l'on transigea avec luy pour ses quatre Quints, tout est demeuré à Monsieur de Thou, il estoit deub à la succession de Monsieur le Prevost quelques arrerages dans le Boulonnois à cause de son Abbaye de Samer, dont Soefve a reçû vne partie: Mais s'il estoit question d'entrer dans le détail particulier de l'argent comptant ou des debtes anciennes de la succession de Monsieur le Prevost & de la valleur de ces Terres, & d'en faire compensation avec les debtes passives de la mesme succession payées ou à payer, & y joignant les cent tant de mil livres qui ont esté empruntez pour payer audit sieur Edoüard le Prevost, pour le prix des quatre Quints de ses propres & les cent cinquante mil livres de dépence ou environ qu'il a faittes en ces deux Terres, on seroit convaincu (comme Messieurs les creanciers qui sont entrez dans ce détail, & particulierement Monsieur Nau, s'il en veut dire la verité le doivent estre) que tout l'avantage que Monsieur de Thou a reçû de cette succession est qu'il a eu le plaisir d'aller & venir en ces deux

Terres, d'y passer d'agreables jours, d'y regaler ses amis, & qu'elle l'a soulagé en certain temps, parce que du prix de la charge de Conseiller qui appartenoit à Monsieur le Prevost, il en a reçû le fonds de deux rentes qu'il devoit à Madame de Thou avec quelques arrerages, & vne partie de ceux qui estoient deubs à Samer, avec le prix de la maison Canonialle, dont il s'est servy pour les affaires de sa maison, & que hors cela on peut dire qu'elle a esté jusques à present onereuse.

Mais que l'on entre dans tout le détail des biens de la maison de Monsieur de Thou, c'est à dire de ceux qu'il avoit quand Soefve y entra, de ceux qui luy sont écheus par le deceds de Monsieur le Prevost & des Benefices qui y sont entrez, qu'on en examine les revenus jusques au jour que Soefve en est sorty, qu'on en fasse vne masse, que d'vn autre costé on entre dans le détail de toute la dépence commune, ordinaire & extraordinaire, qui y a esté faitte pendant tout ce temps, & des arrerages de rentes qu'on a payez & qu'on en fasse vne autre masse, qu'on examine la dépence que Monsieur de Thou a faitte à Meslay pour les ouvrages, & qui paroist excessive par les comptes de ses Fermiers & Receveurs, qu'on examine la dépence par luy faitte en d'autres ouvrages qu'il a fait faire dans vne petite Terre nommée la Castaigne qu'il a venduë à Monsieur Poncet Conseiller d'Estat, qu'on examine la dépence qu'il a faite encore pour des ouvrages dans la maison qu'il avoit au Village d'Issy qu'il vendit à Monsieur de la Marguerie Cōseiller d'Estat, qu'on examine ce que luy a cousté la Chappelle de S. André des Arts, qu'on examine l'achapt qu'il a fait fort mal à propos d'vne maison en Hollande, & les dépences qu'il y a faittes pour l'ameliorer, qu'on examine celle qu'il a fait (si tant est qu'il n'en ayt point supprimé les memoires) en certaine maison de la Haye où il alloit, & faisoit presque tous les jours porter son souper, sans ce qu'on appelle la dépence secrette, qu'on examine celles qui ont esté faittes à Vanves, & à S. Germain depuis son retour, en ouvrages & remüemens de terre, qu'on examine enfin toutes les quittances des Marchands qui ont fourny la Maison, tous les livres des Maistres d'Hostels qui ont fait la despense commune, & tout l'argent que Soefve a donné à Monsieur & à Madame de Thou, & que l'on mette dans vne balance les revenus & la dépence, l'on trouvera aisément la cause de l'estat auquel cette maison est aujourd'huy reduitte, & l'on s'estonnera encore vne fois comment elle a pû subsister si long-temps avec si peu de bien tant de dettes & de despences extraordinaires, Monsieur de Thou n'a iamais esté œconome personne ne l'ignore.

Quand feu Madame de Thou luy a mille fois representé la larme à l'œil la necessité qu'il y avoit de retrancher tāt de dépenses extraordinaires, & de devenir meilleur ménager, il luy a reproché autant de fois qu'elle avoit peur que la terre luy manqua, & qu'elle estoit bien fille de M. son Pere (qui avoit la reputation de l'avoir trop esté) tout le monde le sçait, qu'on le demāde au sieur Boulliau qui est celuy apres ladite Dame qui prenoit le plus la liberté de luy en dire ses sentimens, ayant esté le confident de tous les deux iusques au iour que M. de Thou (sur le soubçon qu'il eût qu'il donnoit des Conseils & des impressions à son fils contre ce qu'il luy devoit) le congedia de sa Maison, ainsi qu'il se voit par les Lettres inserées es pages 4 & 5, en datte des 2 & 3. Iuin 1666. Qu'on le demande pareillement à la nommée Claire qui estoit la premiere femme de Chambre & la confidente de ladite Dame de Thou, & qui a esté si souvent tesmoin, ainsi que ledit sieur Boulliau de toutes les plaintes qu'elle faisoit à Monsieur de Thou, de tant de larmes qu'elle a respanduës à ce sujet, & de tous les chagrins qui l'ont accompagnée iusques à sa mort, qui n'avoient point d'autre cause, combien a-t'il de fois reproché à son fils aîné que c'estoit vn avare, & qu'il tenoit de Madame sa Mere, par ce qu'apres & depuis la mort de ladite Dame, il avoit fait plainte de toutes les dépenses qu'il voyoit faire à son pere, cela ne paroit-il pas dans vne lettre Missive du 20. Decembre 1665 inserée en la page 34.

Qu'on interroge vn Ecclesiastique nommé M. Boissay & le nommé Hebert qui avoient la conduitte des ouvrages de Vannes & de saint Germain, ils diront que Monsieur de Thou ne vouloit point entendre parler de les retrancher, & que quand ils luy en representoient l'innutilité & l'excez de la despense qu'il conviendroit faire si on estoit obligé d'executer ses desseins, il les grondoit en leur disant que ce n'estoit pas à eux à s'ingerer de luy faire des remontrances à ce sujet, puis qu'il ne leur en coustoit rien. Combien l'a-t'il dit de fois à Soefve qui estoit celuy à qui cette [illegible]pense faisoit plus de peine, tant par ce qu'elle épuisoit le peu de fonds qu'il avoit, que par ce qu'il en prevoyoit les suittes.

Que ne luy dit-il point lors que luy ayant representé qu'il ne pouvoit mettre sans s'incommoder extrememēt, au Bureau des Indes Occidentalles la somme de 20000 l. à laquelle il s'estoit volontairement taxé, & dont il luy commanda de luy faire le premier payement lors que ses Creanciers venoient tous les iours demāder de l'argent; mais que ne luy dit-il pas quād à ce sujet, Soefve luy representoit que M. de Harlay & bien d'autres; qui avoient beaucoup plus de bien que luy, n'y avoient pas mis le tiers de ce qu'il y mettoit; il le prie de s'en souvenir. Cōbien de voyages a-t'il faits dans des Carrosses de loüage attelez de 6 Chevaux à 12 escus par iour, quoy qu'il en eût de plus beaux, de meilleur service, & mesme quantité qui ne laissoient pas de dépenser à Paris à ne rien faire. Combien de fois a-t'il souffert qu'il en ait esté loüé de Selle pour ses Domestiques quand ils alloient à la Campagne où qu'ils le suivoient, bien qu'il en eût dans son Escurie, tout le compte de Soefve en est plain & de mille autres choses de cette nature, qui font connoistre que c'estoit à ce qu'il pensoit le moins qu'a l'œconomie. Monsieur de Thou avoit l'ame grande, il esperoit tousiours en la fortune & qu'elle le releveroit, mais il y a esté trompé, & Soefve deviendra pour cela la Victime de la douleur qu'il en a, & de son desespoir, en verité cela n'est pas supportable, il est extremement fasché de se voir obligé de tout dire, parce qu'il ne se peut que Monsieur de Thou n'en soit touché: Mais il ne devoit pas les pousser comme il a faict sans aucun subject, il l'en a faict advertir auparavant que d'en venir à cette extre extremité, c'estoit à luy à n'en pas donner les occasions.

Mais vne circonstance que Soefve ne peut encores taire, & qui est essencielle pour faire connoistre que Monsieur de Thou a tousiours eu la reputation d'estre tres mauvais mesnager, c'est que Monsieur le Preuost qui auoit entretenu plusieurs fois Soefve du peu d'ordre que ledit Sieur de Thou donnoit à ses affaires, & qu'il sçauoit estre empirées depuis qu'il estoit en Holande, aduerty des emprunts qui se faisoient assez souuent pour l'y faire subsister, & des grandes dépences qu'il y faisoit ne dissimula pas à Soefve qui le voyoit tous les jours matin & soir pédant le fort de la maladie de laquelle il deceda, Que c'estoit la raison pour laquelle il ne faisoit pas Madame de Thou sa Niepce sa legataire vniuerselle, & qu'il donnoit vne espece de Tuteur par son Testament à leur Fils aisné son petit nepveu pour administrer les biens qui estoient compris dans le legs vniuersel qu'il luy faisoit, persuadé qu'il estoit que Monsieur de Thou en disposeroit comme du sien & ne le ménageroit pas mieux, en quoy il ne se trompoit pas, parce qu'il en connoissoit les inclinations, aussi Monsieur de Thou piqué au vif de ce que Monsieur le Preuost n'auoit pas fait Madame sa femme pour laquelle il auoit eu de son Viuant tant d'estime, sa legataire Vniuerselle, mais encore plus de ce qu'il auoit donné vn Tuteur qui estoit le Sieur Viot vn de ses Secretaires à son Fils de qui il ne vouloit point dépendre, il n'eut point de repos jusques à ce que ledit Viot se fut desisté de son administration, en consideration dequoy il luy fit vn present de mille escus, & demeura le maistre de l'administration de ce bien compris dans le legs vniuersel, comme de tout le reste de la succession, au moyen de l'accommodement qu'il fit ensuite auec ledit sieur Edouard le Preuost heritier des quatre quints des propres.

A quoy on peut adiouster cette autre Circonstance, qui est que lors que Monsieur de Thou estoit en France ou il vint faire vn Voyage en 1661, ayant fait entendre au Roy qu'il y estoit necessaire pour ses affaires domestiques qui n'estoient pourtant autres, ainsi que l'on a veu & sçeu, que la passion dominante qu'il auoit de voir les terres de saint Germain & de Vanves, & l'estat auquel Monsieur le Preuost les auoit laissées: Sa seule occupation ayant esté pendant le seiour qu'il y fit d'aller tantost à l'vne tantost à l'autre, & d'y ordonner les ouvrages qui y ont esté tant de fois faits defaits & refaits depuis. Soefve luy ayant representé qu'il se presentoit vne personne qui offroit cent mil escus de celle de saint Germain, & qu'il luy seroit plus auantageux de la vendre que non pas d'y faire des despences qui n'en augmentoient le revenu, au contraire le diminüoient, eu égard aux grandes dettes de Monsieur le Prevost, que cette somme pouvoit presque acquitter, il luy respondit qu'il se garderoit bien de la vendre, Que les grandes terres faisoient les grandes Maisons, & qu'il esperoit estre vn iour en estat de s'acquiter. Ce qui ne confirme que trop non seulement l'ambition qu'il a tousiours eue; mais encores qu'il ne pensoit qu'a ce qui luy donnoit du plaisir, comme ont tousiours fait le Marteau & la Truelle, & iamais à ce qui pouvoit le liberer, comme il seroit arrivé, sinon de toutes les dettes de sa Maison au moins d'vne bonne partie, s'il eût voulu entendre à la vente de cette terre, dont on ne veut pas présentement donner deux cens mil livres, se flattant perpetuellement que du costé de la Cour tout luy succederoit selon son desir, quoy que l'ordre qu'il receut du Roy sur la fin de la mesme année 1661, & lors qu'il y pensoit le moins, de retourner en Holande reprendre l'employ qu'il auoit quitté, avec celuy qu'il reçeut quelque mois apres qu'il y fut arrivé de s'en revenir, luy dûssent estre autant d'advertissements que sa Majesté n'ayant pas approuvé ce voyage fait si à contretemps n'en perdroit pas la memoire, les personnes les plus éclairées, ses amis mesme y ayant extremement trouvé à redire, Madame de Thou qui en prevoyoit les suittes, ainsi que la despence ne l'ayant pû empescher.

Et parce que Monsieur de Thou fait tout ce qui peut pour insinuer que ce [illegible] pas luy qui est la cause du desordre de ses affaires, & que c'est à Soefve quelle doit estre attribuée, bien qu'apres tout ce qui a esté cy dessus représenté, il n'y ait plus à douter que ce ne soit Monsieur de Thou luy-mesme qui s'est noyé & abismé pour s'estre trop flatté de l'esperance de la fortune qui luy a manqué dans vn temps qu'il croyoit la tenir, il n'est pas hors de propos de mettre icy quelques extraits de Lettres que Monsieur de Thou escriuit à Soefve quand il fut retourné de son Ambassade, & lors qu'il estoit à la Cour, attendu qu'elles ne viennent pas mal au sujet.

De I.

368.



*De S. Germain en Laye ce Samedy apres midy 1. Iuillet 1662.*

„ I'Ay esté icy tres-fauorablement receu par leurs Majestez par tous Messieurs les Ministres, „ & par tous les Grands de la Cour, nous verrons qu'elle en sera la suitte, le Roy m'a com- „ mandé de demeurer icy pour luy rendre compte de l'estat des choses de par delà, c'est pour- „ quoy ie ne sçay quand ie pourray retourner à Paris, mais si i'auois à demeurer icy pour plus „ aisément voir Madame de Thou & reuenir, il sera bon de faire meubler Vanues afin qu'elle „ soit plus prest d'icy, & comme le voyage d'Alsace est rompu, & que les Reynes trouvent „ icy l'air fort bon, il y a apparence que l'on y fera du sejour, c'est pourquoy il n'y aura rien à „ faire à Paris, & il y aura plaisir de passer l'Esté à Vannes où la presence ne sera pas inutile, *pour* „ *avancer les ouvrages qui s'y font.* DE THOV.
Paraphé *ne varietur*, suivant nostre procez Verbal de ce jourd'huy, vingt-cinquiéme Iuin 1670. Signé, Charpentier.

*De S. Germain en Laye ce Mardy au soir.*

„ IE vous écris ce Billet, pour vous dire que i'ay eu cette apres dînée vne Audience tres-favo- „ ble de Sa Majesté sans l'avoir demandée, le Roy m'ayant envoyé chercher chez moy par „ vn garçon de sa Chambre. Dans cette Audience quoy que ie n'aye point parlé de mes inte- „ rests qu'en sortant & en general les affaires ne m'en ayans pas donné le temps, neantmoins „ i'ay trouvé que ce soir Monsieur de Vrevin avoit apporté à mon logis mon Ordonnance re- „ formée, laquelle ie fais estat d'aller porter moy-mesme demain à Paris, pour voir si *le sieur de* „ *Bertilhac* n'y fera point de difficulté, c'est pourquoy vous vous trouverez demain au soir sur les „ cinq ou six heures au Bureau des Carrosses de S. Germain dans le Faux-bourg Saint Honoré „ avec vn Carrosse d'emprunt s'il se peut, afin d'aller de là chez ledit sieur de Bertilhac qui de- „ meure dans la ruë de S. Thomas du Louvre, & de là ie pourrois aller coucher à Vanues, s'il „ y avoit du temps pour faire la dépesche d'Holande & ensuitte m'en reuenir icy solliciter mes „ affaires, *estant obligé & engagé par l'audiance d'auiourd'huy d'en auoir d'autres de Sa Maiesté qui m'a traité* „ *tres obligeamment, mais de tout cela il n'en faut rien dire ny publier pour raison, mais distes seullement qu'on* „ *m'a traité tres-ciuillement.* Ie vous ay écrit ce matin & fait réponce à vos Lettres, la Reyne Mere „ va demain à Paris dire à dieu à la Reyne d'Angleterre, & le Roy y viendra ensuitte, Monsieur „ de Voisin est venu faire la reuerence à leurs Maiestez sur sa Promotion à la charge de Preuost „ des Marchands, l'affaire du Boulonnois n'est pas accommodée, & Montpezat est party au- „ quel l'Abbaye de Samer a esté Recommandée. Ie saluë Monsieur de la Riuiere & les amis, & „ suis, vostre affectioné a vous seruir DE THOV.
„ Paraphé comme la precedente.

*De Vanves ce Vendredy matin 8. Septembres 1662.*

„ I'Arriuay hier au soir de saint Germain en Laye ou ie receus auant hier à neuf heures du soir „ vostre billet auec celuy du sieur de la Chappelle, & bien à propos pour le suiet dont on „ en à besoin, j'espere que la despence n'en sera pas inutile & quelle fera son effet. (*C'estoit* „ *vn cheual Anglois que Soef ve auoit acheté cent Pistolles par son ordre pour en faire vn present*) i'ay veu „ icy Monsieur Colbert & l'ay complimenté sur l'accident de Madame sa Femme, *il est tousiours* „ *tres dent neantmoins il m'a paru vn peu plus adouci, ie ne sçay si c'est la bonne chere que le Roy m'a faite* „ *en sa presence en luy* presentant le Bassin & le Vaze qui est venu d'Holande, lequel Sa Majesté „ n'a desiré receuoir que de ma part & en mon nom, à cause de l'estat auquel se trouve celuy „ d'où il vient par sa condemnation de l'inquisition, mais la chose s'est passée de fort bonne „ grace & obligeamment pour celuy qui l'a presenté, & qui est obligé de retourner encore „ Dimache au soir à saint Germain, *pour vne affaire qui concerne Messieurs les Ministres, dans laquel-* „ *le i'ay occasion de les obliger*, & au retour i'y ray à saint Germain en Brie. DE THOV.
„ Paraphé comme les precendentes.

De la maniere que ces Lettres sont conceuës ne paroit-il pas que Monsieur de Thou n'espe- roit pas moins que d'auoir part, au ministere ou du moins d'auoir vn poste si considerable dans les affaires, tant à cause des caresses dont il se vantoit par ces Lettres que le Roy l'honoroit, que de l'occasion qu'il auoit d'obliger Messieurs les Ministres qu'il pourroit auec le temps restablir les siennes. A la verité sa naissance, & ces seruices l'en pouvoient flatter : mais il n'est pas tou- iours avantageux pour le bien de ses affaires, de fonder ses esperances sur l'advenir, puis qu'il voit par vne experience si sensible, que la fortune ne respond pas tousiours a l'attente des hommes & principallement quand ils ne font pas tout ce qu'ils doivent pour en estre considerez. Et en effet a-t'il esté glorieux à Monsieur de Thou de n'auoir peu obtenir vne grace du Roy qu'en calomniant comme il a fait la personne du monde qui l'avoit servy avec plus de zele, d'affection, & de fidellité pendant vingt deux années entieres aux dépens de sa jeunesse, de sa fortune & de son bien que Soefve a sacrifiez ainsi que celuy de sa femme pour faire subsister sa maison pendant plus de dix années, sans quoy il eust esté obligé de quitter son employ dés la seconde de son Ambassade en Hollande, où l'on sçait que l'on ne preste rien aux Ambassadeurs. Qu'elle confusion à Monsieur de Thou, si Soefve qui avoit vn peu de credit à Paris eust refusé de s'obliger pour luy comme il a fait en plus de cent quatre-vingts mil livres, mais quelle honte luy auroit-ce esté si Madame sa femme qu'il avoit laissée en Hollande pour payer ses debtes apres qu'il en fut party, & qui n'avoit fait autre chose auparavant y fust restée, comme elle auroit fait sans doute, si ce mesme credit de Soefve ne luy eust fait trouver de l'argent pour en sortir avec honneur, & s'il eust refusé d'accepter six Lettres de Change de six mil écus qu'elle tira en vn mesme jour sur luy, & qu'il acquitta pour la reputation de Monsieur de Thou & de Madame sa femme dont voicy la Lettre qu'elle en écrivit à Soefve.

*De la Haye ce 31. May 1662.*

,, Ie *croy que vous serez estonné d'aprendre que ie seray encore icy douze ou quinze iours, y trouuant plus*
,, *d'affaires que ie ne pensois, quoy que i'en eusse preveu vne bonne partie, enfin il faut sortir d'icy de bon-*
,, *ne grace*, C'est ce qui me fait resoudre *à y demeurer ce temps & plus s'il est necessaire* : Ainsi vous
,, pourrez m'écrire; & si ie partois plustost ie donnerois ordre pour les Lettres, i'en ay receu
,, ce matin vne de Monsieur de Thou d'Amsterdam, il me mande qu'il en doit partir demain pour
,, aller à Maestricq où il fait estat de m'attendre, ie croy qu'il vous écrira ou fera écrire toutes cho-
,, ses: mais comme il ne me marque point qu'il vous donne *avis de six Lettres de Change de mille*
,, écus chacune Monnoye de France qu'il a signées, i'ay esté bien aise de vous le mander, Ie
,, salue Mademoiselle Soefve & Monsieur de la Riviere auquel ie n'ay point fait de response
,, ayant de la peine à écrire, Ie suis, vostre affectionné à vous servir. M. Picardet.

Paraphé *ne varietur*, suivant nostre procez verbal de ce jourd'huy vingt-cinquiesme Iuin 1670. Signé, Charpentier.

Le desordre des affaires de Monsieur de Thou n'auroit-il pas paru dés l'année 1664, si Soefve ne l'eust pas encores secouru de ce mesme credit, pour empescher comme il a dé-ja dit qu'on n'apposast le scellé dans sa maison comme on le vouloit faire aprés la mort de Madame de Thou, qu'elle gratitude Monsieur de Thou ne luy en témoigna-t'il pas lors & depuis ce temps, & jusques au jour de leur querelle qui fut en Decembre 1668. toutes ses Lettres en sont plaines & de la confiance qu'il avoit en luy, mais quelle méconnoissance à present de pretexter son indignation sur de fausses causes & d'en supprimer les veritables.

Monsieur de Thou à qui sans doute la conscience reproche autant de fois qu'il y pense cette ingratitude, dit à ceux qui luy en parlent & qui luy disent, que quand Soefve ne luy auroit rendu en sa vie que ce seul service de s'obliger pour luy envers ses creanciers, & d'y avoir aussi fait obliger sa femme, il seroit suffisant pour luy faire oublier les fautes dont il l'accuse s'il en pouvoit estre convaincu, qu'il ne l'a jamais requis ny prié de s'obliger pour luy, & qu'il l'a fait de son mouvement & pour se rendre necessaire. Ce qui ne peut partir que d'vn esprit prevenu comme le sien. Car pourra-t'on presumer que si Soefve eust trouvé de la facilité à faire prester de l'argent à Monsieur de Thou & à Madame sa femme seulle, & encore à luy seul depuis sa mort, ou sans l'obligation de ladite Dame il eust eû cette foiblesse & cette facilité que d'y vouloir entrer comme caution & solidairement obligé avec eux, & mesme d'y faire aussi obliger sa femme, en verité cela choque le sens commun; mais qu'on s'informe chez les Nottaires de Paris & dans tous les lieux où il y avoit de l'argent à placer, on trouvera que dés le moment qu'on en demandoit pour Monsieur & pour Madame de Thou on fermoit les bourses, & pourquoy? c'est qu'on sçavoit qu'il devoit extrémement & qu'il s'en falloit beaucoup que le prix de sa charge qui avoit esté venduë ne l'eust acquitté, qu'il avoit fait de nouvelles debtes depuis qu'il estoit en Hollande, & qu'il y faisoit vne dépence excessive, & c'estoit pour cela qu'on vouloit que Soefve s'obligeast avec eux sollidairement, joint que comme Monsieur & Madame de Thou estoient hors de France, & qu'il estoit incertain qu'ils deussent revenir de long-temps, on estoit bien aise d'avoir pour obligé à sa debte & au payement des arrerages vn Bourgeois de Paris dont la discution est plus aisée que non pas des personnes de qualité pour lesquelles on a plus d'égard, & ne fust-ce pas la raison pour laquelle le sieur Baudon ne voulut point donner le sien que Soefve & sa femme ne s'y fussent obligez, mais quand Soefve s'y seroit obligé de son mouvement & sans attendre les prieres de Monsieur de Thou, il luy en devroit estre d'autant plus redevable, parce qu'il n'y a rien qui doive estre mieux receu qu'vn service obligeant qui n'est point demandé, quand celuy à qui on le rend en tire avantage, & par consequent Monsieur de

Thou n'est pas raisonnable de se défendre d'vn reproche si legitime, & particulierement apres avoir par son indemnité approuvé les emprunts ausquels Soefve se trouve mal-heureusement ainsi que sa femme engagez pour luy, & qui seront sans doute cause de leur rüine totalle, parce que tout leur bien se trouve saisy reellement par ses creanciers, & qu'vn d'eux qui est ledit sieur Baudon s'est fait dé-ja adjuger les deniers provenans de l'Office de Controlleur qui appartenoient à la Damoiselle Soefve, qui n'a cautionné Monsieur de Thou que pour luy donner du pain, & qui se void oster le sien par sa mauvaise conduitte & sa mécōnnoissance, ce qui crie vengeance.

Mais voyons si le credit seul de Monsieur de Thou a esté suffisant pour luy faire trouver de l'argent depuis que Soefve n'a plus eu celuy qu'il avoit auparavant d'estre reçû à s'obliger pour luy, car enfin il n'y en a point si grand qu'il soit qui ne s'épuise, & ce fut par vn bon-heur extraordinaire dont Monsieur de Thou luy a encore obligation qu'il luy fit prester apres Baudon par Madame du Livet, vne partie de dix mil livres de laquelle il en prit deux mil pour ses menus plaisirs. Il estoit extrémement pressé d'argent en 1666. le nommé Darc qui est vn Courtier par les mains duquel il avoit passé auparavant luy en fit trouver, & c'estoit Monsieur Despaisses qui le devoit fournir, la partie estoit de quarante mil livres, le Contract fut dressé & signé, mais non effectué de la part dudit sieur Despaisses, parce qu'il fut adverty sans doute du détail des affaires de Monsieur de Thou, on eust beau luy offrir le cautionnement de Soefve & sa femme, il sçavoit aussi qu'ils estoient dé-ja obligez pour luy en des sommes considerables, il demandoit d'autres asseurances, mais il ne s'en trouvoit point, & voicy la maniere avec laquelle Monsieur de Thou en témoigna son ressentiment.

*Extrait d'vne Lettre escritte par Monsieur de Thou à Soefve.*

*De Vanves, ce Mardy Matin 9. Mars 1668.*

„ POur l'affaire Darc vous vous souviendrez que i'insistay de sçavoir celuy avec qui on avoit „ à traitter, & si i'eusse sçeu que ç'eust esté Monsieur Despaisses ie l'eusse bien rebutté, „ estant vne personne avec laquelle il ne faut point avoir à faire, & du nombre de ces gens „ qui font des difficultez où il n'en faut point faire, & qui n'en font pas où il en faudroit faire, „ c'est à dire dans les commencements; enfin c'est vne impertinence à luy de faire signer „ vne affaire, & puis apres aller demander & chercher de nouvelles asseurances, enfin quand „ il voudroit à present faire l'affaire, il seroit à propos de ne la vouloir pas faire; & mesme „ de ne point se servir de ce Darc lequel est employé à faire prester sur gaiges, & à perte de „ Finances; mais il faut songer à de l'argent, ou par constitution ou par obligation, & sur „ tout sortir de cette affaire des Boisseaux qui me fait plus de peine qu'aucune autre, & dans un „ besoin, Madame de Thou (*c'est sa seconde femme*) ne refusera pas de s'obliger avec vne in„ damnité pour vne somme qui ne sera pas excessive, Ie suis, vostre &c. DE THOV. Paraphé *ne varietur*, suivant nostre procez verbal de ce iourd'huy 25. Iuin 1670.

Monsieur Despaisses estoit desja Creancier de Monsieur de Thou de deux mil livres de rente, en 1667 il fit saisir reellement sa Maison de Paris faute de payement deux années d'arrerages, Monsieur de Thou offensé de ce procedé, prend resolution de la rachetter, il n'avoit point d'argent, il en falloit emprunter, on en cherche, on n'en trouve point, cependant il sembloit qu'il y eust de la seureté, puisque c'estoit pour employer au rachapt d'vne rente où feu Madame de Thou estoit obligée, & qu'il y avoit Subrogation aux hypoteques de Monsieur Despaisses, voicy encor de quelle maniere Monsieur de Thou en escrit à Soefve, & de là on iugera s'il luy a esté facile de luy trouver de l'argent, quand mesme il y avoit apparence de seureté.

*De Vanves ce Samedy 20. Aoust 1667.*

„ IE vous r'envoye la saisie de Monsieur Despaisses avec l'Acte d'appel signé, & deux autres „ Coppies aussi signées, il me semble que vous m'aviez dit qu'il vous avoit dit qu'il desiroit „ estre payé dans le mois, & qu'il attendroit apres deux ans, & cependant c'est en vser estrange„ ment. De le voir, ie ne suis point en estat, de luy écrire i'ay peine à luy faire vne priere par „ écrit dont il se pourroit prevalloir, pour ce que cette affaire n'en demeurera pas là à mon es„ gard; si Madame de Beaumont estoit à Paris on la pourroit prier de leur parler estant leur Cou„ sine Germaine, & pour laquelle ils ont du respect; *Mais il est bon de luy faire insinüer qu'on ne par„ donne point ces procedures, & que l'on s'en venge jusques à la troisiéme generation, & cependant il faudroit „ chercher de l'argent pour les rembourser, & n'avoir jamais à faire à eux de leur vie; mais s'en ressentir par „ des moyens que l'on ne veut point expliquer*, feu Madame de Thou y estant obligée il me semble „ que la seureté s'y doit rencontrer entiere, enfin ie ne sçay pas d'autres moyens, DE THOV.

Paraphé, *ne varietur*, suivant nostre Procez Verbal de ce jourd'huy vingt-cinquiéme Iuin 1670. Signé, Charpentier.

S'il falloit rapporter toutes les Lettres par lesquelles Monsieur de Thou ne parle que de chercher de l'argent, & fait connoistre la necessité qu'il en avoit toutes les années & particulierement depuis son retour d'Hollande, & mesme celles par lesquelles il paroist que Soefve la souventesfois adverty du mauvais estat de ses affaires, & qu'il falloit vn grand retranchement de dépence pour les remettre, c'est vne chose qui seroit fort facile, mais comme le nombre en seroit infiny & peut estre ennuyeux, puis que la renommée la assez souvent publié dans les temps, Soefve s'est seulement contenté de produire les essentielles, & dont les dernieres servent à faire voir que Monsieur de Thou n'a pas raison de dire qu'il auroit bien trouvé de l'argent, quand mesme Soefve ne s'y seroit pas obligé, puis qu'il n'a pas esté en son pouvoir d'en avoir depuis celuy de Madame de Livet, qui est le dernier emprunt qu'il a fait, & qu'il s'est veu par cette raison dans la necessité de poursuivre, comme il a esté cy devant remarqué avec empressement, le remboursement de la Finance de ces Offices de Bourgongne où il n'a pas eû plus de credit ny de bon-heur.

Monsieur de Thou & son fils aisné ont pris plaisir, par ce qu'ils en ont extremement à la médisance de publier que dans le Compte de Soefve il y avoit vn Chapitre de despence qui se montoit à douze mil tant de livres payée à des porteurs de Chaise qui ont esté témoins du commerce secret qu'il avoit avec certaines femmes, ce qui est si faux & si ridicule tout ensemble que cela ne meriteroit pas mesme de responce, par ce qu'il ne se trouvera pas que dans ledit cõpte il y aye vn sol pour les Chaises dont il s'est servy en ses affaires particulieres, n'y pour celles dudit sieur de Thou, bien qu'il eût pû avec iustice y mettre ce qui luy en a cousté, puisque toutes les fois qu'il sçavoit que ledit Soefve avoit quelque affaire à solliciter pour luy ou quelques visites esloignées à faire par son ordre comme cela luy arrivoit tres-souvent, il luy disoit de se servir d'vne Chaise quand il ne pouvoit pas luy donner vn Carrosse, ce qu'il n'auroit pas de peine à iustifier s'il en estoit question, ayant mesme par devers luy quelques Billets & Lettres Missives dudit sieur de Thou qui en font mention : Ce qu'il faisoit autant pour le soulagement dudit Soefve, par la consideration qu'il faisoit de luy, Que pour se faire honneur à luy-mesme, qui dans l'aveuglement d'vne fortune, à laquelle il croyoit toucher du bout du doigt, luy proposa mesme du temps de son Ambassade, & lors qu'il estoit aupres de luy en 1659, d'achetter vn Carrosse & des Chevaux, & de prendre vn Cocher & vn Laquais de sa livrée pour s'en servir, luy disant que la nourriture & l'entretien ne luy cousteroient rien, & se prendroient dans sa Maison, & que paroissant dans le monde avec cét équipage, cela feroit deux effects. Le premier qu'il feroit honneur à l'vn & à l'autre, & le second qu'il le mettroit en credit pour s'en servir au besoin, entendant par ce mot de credit parler d'argent au cas qu'il en fallust emprunter, & qu'on demandast le cautionnement de Soefve, qui se garda bien d'accepter vne telle proposition par ce qu'il prévoyoit qu'vn si grand avantage ne seroit pas de durée, mais pour revenir aux chaises il est constant que tout ce qu'il a employé dans la dépence de son compte, regarde seulement les porteurs qui ont servy Monsieur de Thou, & que bien loin d'y en avoir pour vne somme de douze mil tant de livres comme le pere & le fils ont osé le publier, il n'y en a pas pour douze à treize cens livres, ce qui n'est point excessif en vingt-deux années de temps, pendant lesquelles il seroit à souhaitter que Monsieur de Thou n'eust dépensé que cela, luy qui faisoit assez souvent certaines visites sans bruit, peut-estre moins innocentes que celles dont luy & son fils aisné accusent calomnieusement ledit Soefve, qui les défie de montrer qu'il ayt jamais eû de mauvaises habitudes avec quelque femme que ce soit. Il sçait bien que l'vn & l'autre depuis leur different en ont fait perquisition par tout, & jusques dans les Provinces où il avoit eû commerce pour les interests de leur maison, qu'ils ont intercepté & ouvert beaucoup de Lettres adressées à Soefve ou écrittes par luy, qu'ils ont envoyé chercher jusques dans les Bureaux & chez les facteurs où Monsieur de Thou a esté luy mesme, qu'ils ont chassé leur portier, parce qu'il ne leur avoit pas baillé celles qui luy estoient tombées entre les mains, & qu'il les luy rendoit fidellement : bien differends en cela, de ceux qui pendant la guerre ne pardonnans ny au bien ny à la vie de leurs ennemis, faisoient toutesfois scrupule d'ouvrir leurs Lettres preferans la Religion du secret au desir de la vengeance, qui est la plus grande passion de ceux dudit Soefve, laquelle est montée à cét excez, qu'ils ont questionné vn Officier de chez le Roy à qui ils ont voulu persuader que Soefve avoit commerce illicite avec sa femme, afin de le faire égorger s'il eust esté assez lasche que de le croire, qu'ils en ont fait de mesme à leurs Domestiques ausquels ils ont voulu faire dire choses de sa conduite qui ne furent jamais, qu'il y en a vn entr'autres qu'on voulut obliger dans le fort d'vne grande maladie qu'il eust l'année derniere, de parler desavantageusement de luy, s'estant servis pour cela du Ministere du Prestre qui le Confessa, & de celuy qui luy porta le Viatique; qu'en suitte ayant sçû qu'il ne vouloit rien d re, parce qu'il ne sçavoit rien qui les peust satisfaire, ils eurent la malice de publier que ledit So f e l'avoit envoyé menacer de le faire poignarder, s'il disoit quelque chose, bref qu'ils ont mis tout en vsage pour le faire passer pour vn scelerat, & qu'y ayans perdu leur temps, ils luy ont suscité

ont suscité les faussetez dont est question & dont ils sont les autheurs, s'il y en a. Ce qui ne peut pas recevoir de doute apres celles qu'ils ont faittes, comme tous les creanciers le sçavent par des antidattes des Quittances de l'argent qu'ils ont reçeu de leurs revenus, depuis & au préjudice de la cession & abandonnement à eux fait, & d'autres encores plus considerables dont Soefve à la preuve par devers luy, & enfin apres tant de marques de leur indignation & de leur malice justifiée par tout ce qui a esté cy dessus observé, & par tant de Lettres Missives & entr'autres par
43 la derniere page qui donne vn témoignage assez authentique de l'emportement de Monsieur de Thou pere & de son esprit vindicatif, puis que pour vne saisie que Monsieur Despaisses avoit fait faire sur luy pour seureté de ce qu'il luy devoit, qui est la chose du monde la plus juste, il ne feint point de le menacer qu'il s'en vengera jusques à la troisiéme generation, par des voyes qu'il ne veut pas, dit-il, expliquer, qui n'est pas le seul qu'il a menacé de mesme & pour des causes aussi innocentes.

Le Monitoire obtenu par Monsieur de Thou le 10. Avril dernier, & publié en suite à sa Requeste dans la plus-part des Parroisses de Paris, est vne preuve d'autant plus evidente de cette verité, aussi bien que de la supposition de tous les faits contenus en iceluy, qu'apres toutes les publications qui en ont esté faites, il ne s'est neantmoins trouvé aucun témoin qui soit venu à revelation.

Et bien que ledit Soefve dés la premiere Publication dudit Monitoire, en pût empescher le cours, par vn appel comme d'abus qu'il pouvoit interjetter d'iceluy, & auquel sans doute il auroit esté bien fondé. Premierement en ce que ce Monitoire a esté obtenu, sans aucune Permission n'y Ordonnance du Iuge Royal, & nommément de Messieurs des Requestes du Palais, puisque c'est par devant eux que les instances de compte, & de pretendu faux sont pendantes, & en second lieu que ledit Soefve y est si manifestement designé, qu'il est impossible de ne pas connoistre que c'est de luy que l'on a voulu parler, neantmoins, il a esté bien aise de laisser aller le cours desdites publications, dans la pensée que ledit Monitoire, ne serviroit qu'a faire connoistre de plus en plus iusques ou peut aller l'animosité d'vn ingrat, quand il n'a point d'autre dessein, sinon de se deffendre de la reconnoissance à laquelle il est obligé pour tous les services qui luy ont esté rendus.

Aussi peut-on dire, que les faits posez par ledit Monitoire, sont totallement calomnieux, & si contraires à la verité, qu'il ne faut pas s'estonner que les Censures Ecclesiastiques soient demeurées impuissantes dans cette occasion, estant certain pour ce qui regarde l'article des Reparations faites dans les Maisons de Monsieur de Thou, tant de la Ville que de la Campagne.

Que ledit Soefve ne s'est iamais meslé d'en faire faire aucunes que par les Ordres de Monsieur de Thou, & de feuë Madame sa premiere femme, qui ont eux-mesmes arresté les memoires & parties des Ouvriers, & que s'il s'en trouve quelques-vns arrestez par ledit Soefve, outre qu'il n'a rien fait en cela que suivant le pouvoir qui luy en a esté donné, l'on peut voir de combien lesdites parties & Memoires ont esté moderez, & l'avantage que Monsieur de Thou en a receu. D'ailleurs il ne se trouvera point qu'aucun de ceux lesquels ont travaillé ausdites Reparations, ose dire que ledit Soefve luy ait donné, moins que ce qui est porté par sa quittance, puisque c'est la chose dont il s'est tousiours le plus piqué, quand bien mesme, pour faciliter & avancer leur payement, ils auroient voulu luy faire quelque remise, & si ledit Soefve avoit esté d'humeur à faire le contraire, presumera-t'on que ces Ouvriers eussent manqué de s'en plaindre à Monsieur ou à Madame de Thou, qu'on peut dire au contraire n'avoir iamais esté importunez de qui que ce soit à cét égard.

Quant au Revenu des Biens & des deniers procedans de la vente des Terres, Charges Rentes, si ledit Soefve en a reçeu quelque chose, dont il veut bien demeurer d'accord, il s'en est chargé en Recepte dans le Compte, presenté à Monsieur de Thou, & qu'il refuse aujourd'huy d'entendre & examiner, quoy qu'il ne parust pas en la plus-part que c'estoit ledit Soefve qui en avoit receu les deniers, & que les quittances fussent seulement signées de Monsieur & de Madame de Thou.

A l'egard des remises qu'on pretend avoir esté faites par ledit Soefve à quelques particuliers debiteurs, & nommément dans le Boulonnois à ceux qui estoient redevables de quelques arrerages de Fermes & rentes envers la succession de feu Monsieur le Prevost à cause de son Abbaye de Samer à present dans la Famille de Monsieur de Thou, il est vray que ledit Soefve en a fait quelques-vnes, mais ce n'a esté qu'en vertu de bons pouvoirs qu'il fera voir en temps & lieu, apres tout ledit Soefve n'estime pas qu'aucun de ces debiteurs, puisse dire qu'il ait partagé avec eux la remise qu'il leur a accordée, & par le moyen de laquelle, si Monsieur de Thou estoit de bonne foy, il reconnoistroit avoir touché des sommes de deniers de ce Pays-là, beaucoup plus considerables, qu'il n'en auroit receu cessant lesdites remises, outre que pour mettre ces debiteurs à la raison, ledit Soefve a exposé dix fois sa vie, parce qu'on sçait que cette nature de bien estant situé en pays de Frontiere, & ledit Soefve ayant affaire à des gens extremement aguerris & méchans, il falloit avoir beaucoup de hardiesse, & de resolution pour leur aller demander de l'Argent, sur tout dans le temps que la Peste y estoit, ce qui est si veritable & tellement de la connoissance de Monsieur de Thou, qu'il a écrit plusieurs fois audit Soefve estant sur les lieux de se tenir sur ses gardes, & de ne point aller de nuit, par ce qu'en effet, c'estoit autant d'ennemis qu'il se faisoit, notamment parmy la Noblesse de ce Pays, qui devoit partie desdites rentes.

Pour ce qui est des quittances dont Monsieur de Thou pretend que ledit Soefve s'est empaté pour faire croire que c'estoit luy qui avoit payé les sommes portées par icelles, quoy que lesdites sommes eussent esté effectivement payées, tant par luy que par Madame sa premiere femme, cette plainte sans doute est ridicule, pour ne pas dire quelque chose de pis, puis que lesdites quittances se trouvent dattées du temps dudit Soefve.

Quant à la dette du nommé Saint Felix, que Monsieur de Thou dit avoir perduë par la prevarication dudit Soefve, il est certain que Monsieur de Thou n'a pas raison d'en vouloir imputer la faute audit Soefve, puis qu'il a par devers luy la preuve, que c'est Monsieur de Thou qui est cause qu'elle est perduë, & cela par ses propres Missives, entre lesquelles il y en a vne, par laquelle bien loin d'accuser ledit Soefve d'aucune negligence ou prevarication dans la poursuitte de cette dette, il luy mande qu'il se faut consoler de la perte d'icelle, sçachant bien tout ce que ledit Soefve avoit fait de sa part pour la sauver; au lieu qu'à present, ( & c'est en quoy on découvre encore vn fond de malice ) il voudroit bien se vanger sur ledit Soefve, s'il pouvoit de l'imprudence qu'il a euë de cautionner ledit Saint Felix son Architecte envers Madame de Bretonvilliers pour cette dette, dans le seul dessein de faire plaisir audit S. Felix qui le flatoit dans ses grands desseins de Bastiments, & à la Damoiselle sa femme qu'il ne haysoit pas.

A l'égard des Pots de Vin qu'on pretend avoir esté tirez par ledit Soefve lors de la passation des Baux & ventes des Terres & Charges, il est vray qu'il en a receu quelques-vns, mais outre que cela ne luy peut pas estre imputé à crime, & que d'ailleurs le nombre en est si petit, en ce qui concerne les Baux par luy faits du revenu Temporel des Benefices, que ledit Soefve n'en est pas devenu plus Riche; il est certain qu'on ne peut pas dire sans mensonge, que ledit Soefve en cette consideration ayt fait lesdits Baux, pour moins que les revenus ne valloient, au contraire, il se trouvera qu'il les a toûjours augmentez, joint à cela qu'il n'en a fait aucun de son propre mouvement, mais apres que Monsieur de Thou luy a mandé de les faire pour le prix porté par iceux.

Pour ce qui est des Pots de Vin de la Vente des Terres & Charges de Monsieur de Thou, il faut qu'il demeure d'accord que ce fut luy qui vendit la Maison d'Issy à Monsieur de la Marguerie, dont ledit Soefve ne profita pas d'vn sol, & Madame de Thou sa premiere femme, qui vendit la Terre de la Castaigne à Monsieur Poncet, la somme de 30000 l. dont ledit Soefve receût seulement cent écus de Pot de Vin, qui ne luy furent payez que six ou sept mois apres, Madame de Thou mesme qui luy avoit procuré ce profit, s'estant étonné de la modicité de la somme eü égard au pris du Contrat, n'est-ce pas encore elle qui traitta avec Monsieur de Maupeou de la Charge de Conseiller & President en la premiere Chambres des Enquestes, dont Monsieur de Thou étoit encores revêtu dans le temps de son Ambassade en Hollande, dont ledit Soefve n'a iamais receu aucun pot de Vin, bien qu'il luy eût esté promis par ledit sieur de Mappeou à la requisition de ladite Dame de Thou.

Il est vray que ce fut ledit Soefve qui vendit la Charge de Conseiller Clerc au Parlement de Paris, qui avoit appartenu à feu Monsieur le Prevost au profit de Monsieur le Brun: mais on peut dire qu'il le fit si à propos qu'il a esté loüé de cette vente, pour ne pas dire remercié par Monsieur de Thou dans ses Lettres Missives, en ce qu'incontinent apres la vente de cette Charge, les autres de mesme qualité diminüerent de beaucoup de prix, comme l'experience l'a faict voir; joinct que ledit Soefve ne fit rien en ce rencontre sans l'ordre de Monsieur de Thou; puis qu'il luy en avoit envoyé sa Procuration de Hollande, où il estoit encores.

Quant aux Contracts de constitution des sommes de deniers empruntez pendant son absence, il faut que l'on demeure d'accord que feuë Madame de Thou en a passé vne partie, & ledit Soefve le surplus en vertu des Procurations de l'vn & de l'autre, qu'ils en ont esté avertis & ont ratifié la pluspart desdits Contracts que ledit Soefve n'en a pas mesme tant emprunté que Monsieur de Thou desiroit ainsi qu'il paroist par ses Lettres Missives qui en contiennent les ordres, entre lesquelles il y en a vne qu'il luy écrivit sur la fin de son Ambassade, par laquelle il mande audit Soefve de prendre à constitution, obligation ou autrement, vne somme de 80000. liu. qu'on luy avoit offerte, & dont il ne voulut rien faire asseuré qu'il estoit que Monsieur de Thou ne la ménageroit pas mieux que les precedentes, estant d'humeur à ne rien épargner quand il sçavoit qu'il y avoit du fonds dans ses coffres, de quelque costé qu'il vient; bref que quant bien mesme il se trouveroit quelques creanciers qui ne feroient que prester leur nom audit Soefve, la chose ne luy seroit pas moins deüe, pourvû qu'il ne se trouve pas reliquataire envers Monsieur de Thou, puis qu'il peut luy avoir fait le plaisir que de luy prester ses deniers sous le nom d'vn autre, cela se faisant tous les jours.

Et bien qu'il y ayt separation de biens entre ledit Soefve & la Damoiselle sa femme, Monsieur de Thou n'en peut pas tirer d'avantage pour dire qu'elle est frauduleuse, & n'a esté faitte que pour mettre à couvert les grands biens qu'ils ont acquis pendant que ledit Soefve a esté dans sa maison, puis que dans la verité ladite separation n'a esté faitte que pour mettre ladite Damoiselle Soefve à l'abry des creanciers de Monsieur de Thou, envers lesquels ledit Soefve est obligé, c'est à dire de l'insulte des Sergens qui tous les jours venoient executer ses meubles, & non pour aucune autre cause.

Pour ce qui est des grands biens acquis par ledit Soefve & sa femme, ils sont de telle qualité que si on leur veut rendre ou faire rendre, tout ce qu'vn chacun d'eux a eu de patrimoine & payer les debtes qu'ils ont contractées en leurs noms, comme aussi les faire décharger de celles où ils se trouvent mal-heureusement engagez pour Monsieur de Thou, ledit Soefve & la Damoiselle sa femme sont prests d'abandonner generallement tout ce qu'ils possedent de biens en quelque lieu qu'ils soient scituez, & l'on verra lors les grandes richesses acquises par ledit Soefve pendant vingt-deux années de Services qu'il a rendus à Monsieur de Thou.

Ce qu'estant de la sorte, il est aisé de juger que tous les faits avancez par Monsieur de Thou, soit dans le public, soit dans le particulier, pour donner plus de couleur au titre de l'accusation par luy intentée contre ledit Soefve, n'ont aucun fondement solide & veritable, qu'ils ne peuvent passer que pour des impostures & des imaginations chimeriques, & que le procedé dont il a vsé en cette occasion, approche fort de celuy duquel *Medius* cet infame parasite d'Alexandre avoit accoustumé d'vser au rapport de Plutarque, qui estoit de prendre plaisir à déchirer par des discours infames les personnes qu'il vouloit perdre, asseuré qu'il estoit qu'encores qu'elles se justifiassent dans la suitte, neantmoins elles porteroient tousiours les cicatrices des playes qu'il leur auroit faittes.

Ouy mais, dit-on, & c'est l'objection qui est faitte par la plus part de ceux qui sont dans les interests de Monsieur de Thou; tout ce que ledit Soefve allegue pour sa defence & sa justification pourroit avoir quelque apparence dans sa bouche, & s'il estoit en estat, mais qu'estant absent au sujet de ladite accusation, & se laissant faire son Procez par coutumace, cette absence & cette coutumace sont vne pleine conviction du crime dont il est accusé, quelque chose qu'il puisse alleguer pour s'en défendre.

Ledit Soefve demeure d'accord que la maxime ordinaire en matiere criminelle, veut que la fuitte d'vn accusé soit le premier témoin du crime qu'on luy impute, & son absence continuelle vne espece de conviction de ce mesme crime; mais s'il est vray qu'vn innocent faussement accusé a sujet de tout craindre, lors qu'il sçait que l'on a juré sa perte, que l'on en veut à son honneur & à sa vie, & que l'on employera jusques à l'impossible pour luy imposer des crimes dont il n'a jamais esté capable; & si mille experiences luy ont appris que l'on a souvent puny comme criminels, ceux qui apres leur mort ont esté reconnus tres innocens, doit-on trouver estrange que ledit Soefve se soit absenté, & peut-on tirer de si grands avantages de sa fuitte?

N'a-t'on pas vû beaucoup d'accusez se soustraire à la Iustice qui n'estoient nullement coupables? S. Athanase & S. Chrysostome n'en vserent-ils pas de la sorte, & n'aymerent-ils pas mieux l'vn & l'autre se laisser condamner par contumace, que de s'exposer à l'incertitude d'vn jugement que leurs ennemis eussent pû surprendre: ainsi est-il vray que quiconque void sa vie dépendre de l'opinion des hommes se represente aysément qu'ils peuvent errer, & c'est pour cela que l'vn des plus grands Capitaines de la Grece, disoit à ce sujet qu'il n'eust pas voulu commettre sa vie au jugement de sa propre mere, de peur que par inadvertance elle n'eust pris la Lettre fatalle au lieu de celle qui estoit salutaire.

Que si cela est generallement veritable, il le doit estre encore à bien plus forte raison, lors que l'Innocence se void attaquée par des personnes puissantes & qui ont la plus grande partie des juges pour amis, parens, ou alliez comme au fait qui se presente, où l'on void que Monsieur de Thou, quoy que depoüillé de tous ses biens par l'abandonnement volontaire qu'il en a fait à ses creanciers, n'a pas laissé de faire valloir ce qu'il avoit auparavant de credit & d'authorité, soit en la maniere extraordinaire avec laquelle l'accusation dont il s'agit a esté instruite, soit par les differens passe-droits qui luy ont esté accordez contre toute sorte de regles, jusques là mesme, qu'il a eu le pouvoir de faire changer les conclusions difinitives du Parquet quoy qu'arrestées & signées plus de cinq semaines auparavant, parce qu'elles n'estoient pas à sa fantaisie, & que Soefve n'y estoit peut-estre pas traitté avec toute rigueur & l'infamie qu'il esperoit, ce qui n'est jamais d'exemple, mais quoy? il n'y a personne qui ne sçache que Monsieur de Thou y est tout puissant, & que Monsieur le Procureur general qui en est le chef, est non seulement son proche parent, mais de plus son creancier de deux sommes considerables.

Apres quoy ledit Soefve n'estime pas qu'il y ait personne à la reserve de ses ennemis, ou de ceux qui favorisent leur party, qui puisse blasmer son procedé de s'estre mis à l'abry de l'orage, & d'avoir laissé passer la tempeste dont il estoit menacé, dans l'esperence d'vn temps plus calme sçachant bien que la violence ne regne pas tousiours, que le temps cause souvent des changemens & des revolutions autant avantageuses aux accusez que funestes aux accusateurs, & qu'il y a vn Dieu protecteur des innocens qui se plaist à faire paroistre tost ou tard le soin particulier qu'il en prend, lors que les hommes croyent qu'ils sont abandonnez de tout secours.

Soefve a apris avec déplaisir que Messieurs les Arbitres qui avoient jugé la contestation qui étoit entre Monsieur de Pontac & Messieurs les Creanciers touchant l'hypotheque de la rente de cinq cens livres que Monsieur de Thou luy doit le luy avoient fait perdre du iour qu'il le pretendoit, à cause que dans la quittance de Monsieur de Harlay à qui les dix mil livres, qui sont le principal de ladite rente furent payez. Monsieur de Thou n'avoit point declaré que cette somme provenoit de l'emprunt qu'il en venoit de faire dudit Seigneur de Pontac : mais seulement par vn Acte separé de ladite quittance, lequel Acte lesdits sieurs Arbitres tenoient suspect, par ce ont-ils dit qu'il venoit d'vn homme prevenu de crime, voulans parler dudit Soefve, comme si c'eust esté luy qui eût passé & signé ledit Acte, qui porte ladite declaration pour ledit sieur de Thou, & qu'il eût esté dé-ja convaincu des faussetez dont on l'accuse : Et par ce qu'il a interest de iustifier sa conduitte, & de maintenir sa reputation autant de fois fois qu'on voudra donner attainte à l'vne & à l'autre, il se trouve obligé de dire icy vn mot de la maniere avec laquelle les choses se sont passées lors du Contrat de constitution de ladite rente de 500 l. & de la declaration qui fut faite en mesme temps que le payement desdits dix mil livres fut fait à Monsieur de Harlay.

Dans le fort de la maladie, de laquelle Madame de Thou est decedée, Monsieur de Harlay pressoit extremement Monsieur de Thou de luy donner de l'Argent sur les arrerages de la rente qu'il luy devoit, qui montoient à plus de 26000 l. il n'étoit pas au pouvoir de Monsieur de Thou de luy en donner sans en emprunter. Cét emprunt estoit extremement malaisé. Monsieur de Thou avoit sçeu que Monsieur le President de Mesme avoit fait vn remboursement à Monsieur de Pontac d'vne pareille rente de 500 livres, dont le fond qui estoit de 10000 l. estoit es mains de Soefve, il aprehendoit Monsieur de Harlay, qui sans ce payement eût esté le premier qui eût fait apposer le Seellé dans sa Maison apres le decez de Madame sa premiere femme qui n'estoit point obligée à sa dette, il ne donna point de repos à Soefve, iusques à ce qu'il eust fait trouver bon à Monsieur de Pontac que cette somme luy fut baillée, la difficulté estoit que Madame de Thou estoit trop malade pour luy parler d'vn nouvel emprunt & de signer au Contrat, Soefve estoit bien aise de donner ce secours à Monsieur de Thou; mais aussi il estoit obligé de prendre toutes ses precautions pour la seureté de Monsieur de Pontac, dont les interests luy devoient estre aussi chers, puis qu'il avoit l'honneur de faire aussi ses affaires, Monsieur de Thou qui avoit peur d'échapper l'occasion, persuadé d'ailleurs, asseuroit il que Monsieur de Pontac son beau Frere n'improuveroit pas que Soefve passast par dessus cette difficulté, puis que d'ailleurs il entroit au droit de M. de Harlay pour cette somme de 10000 li. dont l'hipoteque estoit auparavant le Mariage de Monsieur de Thou. Enfin ce Contrat fut dressé Soefve stipuloit pour M. de Pontac, Monsieur de Thou s'obligea de le faire ratifier à Madame sa femme la declaration y fut mise que les deniers estoient pour bailler à Monsieur de Harlay, mais il ne fut pas au pouvoir de Soefve d'obliger Monsieur de Thou de declarer par la quittance qu'il tira de Monsieur de Harlay que cette somme de dix mil livres provenoit de l'emprunt qu'il en avoit fait de Monsieur de Pontac, par ce qu'il ne vouloit pas que Monsieur de Harlay, qui sçavoit il y avoit long-temps le mauvais estat des affaires de sa maison, & qui n'avoit pû gouster non plus que ses autres parens & amis l'employ qu'il avoit accepté de l'Ambassade de Hollande, sçeust qu'il eust emprunté cette somme pour payer des arrerages qui est ce qui décrie ordinairement les maisons; mais tout ce que Soefve pût obtenir de luy, fut la declaration qu'il fit en mesme temps, & ensuitte de ladite Quittance & pardevant les mesmes Nottaires, que dés vingt mil livres dont elle estoit composée, il y en avoit dix mil livres qui provenoient de pareille somme qu'il avoit prise à constitution de rente de Monsieur de Pontac. Et ainsi on ne peut pas dire que cette declaration soit suspecte n'y en imputer à Soefve, quoy que ce soit, puisque toute la part qu'il y a eue est de n'avoir pû faire autre chose pour l'interest de Monsieur de Pontac, envers lequel Monsieur de Thou l'asseura qu'il le déchargeroit du reproche qu'il pourroit luy faire de n'avoir pas pris plus de precaution pour l'asseurance de son argent qu'il asseuroit rembourser incontinent apres, d'vne gratification qu'il disoit esperer du costé de la Cour, mais il n'y a rien de plus vray que cette partie de dix mil livres prise à constitution de Monsieur de Pontac fut payée à Monsieur de Harlay, & qu'aussi-tost Monsieur de Thou fist cette declaration afin que Monsieur de Pontac demeurast subrogé comme il l'estoit de droit, au lieu & place de Monsieur de Harlay, duquel le consentement pour ladite subrogation estoit inutile, puis qu'on ne l'y pouvoit pas mesme obliger, & qu'on voit souvent des gens qui refusent ces sortes de subrogations, que ceux qui prestent leur argent pour les rembourser emportent comme a esté dit de droit, & ç'a esté le premier sentiment de Monsieur Nau quand il a travaillé à l'ordre, ayant donné charge à Soefve de l'écrire à Monsieur de Pontac, mais il n'estoit pas lors comme il a esté depuis dans l'interest du fils aisné de Monsieur de Thou & de ses autres enfans, qui est de rejetter toutes les debtes sur le pere, parce qu'ils sçavent que les derniers creanciers du nombre desquels on veut mettre Monsieur de Pontac, ne pourront pas estre vtilement colloquez.

Surquoy ledit Soefve ne peut pas s'empescher de dire que c'est sans doute ce mesme interest qui a obligé ledit sieur Nau de se deporter tout d'vn coup de cét esprit, avec lequel il sembloit

d'abord

d'abord qu'il eust offert sa mediation pour l'examen de son compte, & pour terminer à l'amiable les differends qui pouvoient naistre sur ce sujet entre Monsieur de Thou & luy, lors qu'il luy mit entre les mains ledit compte avec les pieces justificatives d'iceluy, car quand on sçaura qu'apres la franchise avec laquelle Soefve les luy confia sans recepicé, & la declaration qu'il luy fit de se soûmettre à tout ce qu'il en ordonneroit, reïterée dans l'assemblée de Messieurs les creanciers, en presence de tant de personnes de qualité qui la composoient, qu'apres luy avoir donné toutes les lumieres qu'il souhaittoit des affaires de la maison dudit sieur de Thou, tant pour son interest particulier, parce qu'il estoit creancier, que pour celuy des autres creanciers, qu'apres luy avoir delivré de bonne foy tout ce qu'il avoit par devers luy de tiltres & de papiers de la mesme maison, bien qu'on ne l'y peust obliger avant l'examen de son compte & la closture d'iceluy, bref qu'apres avoir tant de fois dit audit Soefve qu'il le plaignoit de s'estre engagé au point qu'il l'estoit pour Monsieur de Thou, & qu'au contraire il blasmoit le procedé dudit sieur de Thou de vouloir sans fondement décrier la conduitte d'vn homme qui l'avoit servy si long-temps, ledit sieur Nau nonobstant tout cela a eû cette facilité & cette complaisance que de confier à Monsieur de Thou, ou plustost à ce Solliciteur à gage les pieces justificatives de ce compte sans que Soefve y eust consenty, ce qu'il pouvoit d'autant moins faire, qu'il sçavoit que tous les billets de Monsieur & de Madame de Thou qui composent le dixiéme chapitre de dépence d'iceluy, & dont les quatorze en question font partie estans sous signature privée, il estoit dangereux de les mettre entre les mains des ennemis dudit Soefve, & que c'estoit vn prealable de les faire tous reconnoistre audit sieur de Thou, soit par devant ledit sieur Nau en qualité d'arbitre, soit par devant vn Commissaire de la Cour (s'il ne l'estoit pas) suivant la nouvelle Ordonnance, estant inouy qu'on aye jamais communiqué des billets de cette nature à des parties adverses, que par des mains tierces & sans déplacer, qu'il a encore eû cette complaisance pour ledit sieur de Thou que de luy avoir laissé toutes lesdites pieces pendant prés de sept mois, pour leur donner plus de loisir d'en faire ce qu'ils ont voulu, quelque priere & sollicitation qu'il luy ayt faitte pendant tout le temps de se les faire rendre, qu'il a provoqué ledit sieur de Thou & son fils de pousser ledit Soefve au point qu'ils ont depuis fait, qu'il a indiqué & fait nommer d'Office les experts qui ont déposé sur les pretenduës faussetez en question, qu'il les a sollicité ainsi que les Iuges qui ont decretté sur leur rapport, mesme ceux de Tournelle, pour empescher que Soefve n'obtint des défences, & enfin que c'est luy qui a donné & envoyé les Sergens qui ont saisi & annoté ses biens, il n'y a personne qui ne soit surpris d'vn tel changement, & d'vn tel procedé peu convenable à vne personne dans la devotion comme luy, & qui ne soit mesme persuadé que c'est ledit sieur Nau qui contribuë à cette persecution.

www.ingramcontent.com/pod-product-compliance
Ingram Content Group UK Ltd.
Pitfield, Milton Keynes, MK11 3LW, UK
UKHW020352250726
13967UKWH00005B/2248

9 782013 050340